이복규 교수의 아침톡톡 ❸

이복규와 193인 톡톡 댓글러 지음

소소하고
찬란한
하루

책:봄

아침톡3 댓글러(193인)

간호윤　강동극　강득화　강문수　강석우　강선령　강영경　곽경훈
곽신환　곽혜선　구미래　구영회　구자천　권대광　권미경　권성로
권순긍　권혁래　길지연　김경숙　김귀연　김기서　김기창　김남기
김남태　김대식　김도중　김동명　김령매　김만호　김명석　김명자
김무경　김미향　김별선　김상덕　김상한　김선군　김성수　김성화
김수정　김순자　김시덕　김신연　김아론　김연식　김영수　김영하
김용화　김윤수　김은숙　김은주　김의정　김인규　김정근　김정한
김정훈　김종우　김지형　김지혜　김진영　김창진　김학선　김현서
김혜연　나윤찬　남궁양　남궁인숙　남미우　남연호　노동래　노연주
노유선　로쟈 이현우　류귀열　문창실　민경미　민현식　박경하　박래은
박미례　박수밀　박용규　박원경　박정규　박지영　박태룡　박현옥
박호재　배영동　백송종　백승국　백은하　백훈　복길화　부길만
서영숙　서화종　석종찬　송경진　송찬구　송한근　신대섭　신성일
신윤승　신은경　신혜원　안병걸　안상숙　안동준　양경순　어정희
오권웅　오세찬　왕백　왕현철　우영진　원연희　원종범　유영대
유영직　윤금자　윤금주　윤세민　윤용기　이동순　이동준　이명희
이병우　이부자　이상기　이상협　이선경　이성환　이수자　이수진
이승용　이연철　이영순　이재숙　이정하　이정화　이종건　이종분
이종주　이주훈　이향석　이헌홍　이희주　임문혁　임용대　임지숙
임치균　장정희　전무용　전용우　전윤혜　전현애　정사강　정순우
정승민　정우인　정원희　정재윤　정종기　정진　조동일　조방익
조순자　조승철　조현숙　조홍범　주칠성　진영란　차성만　차정선
채선병　최내경　최도일　최상은　최연선　최운식　최종례　최지영
최형택　추연수　편무영　하순철　한경희　한미숙　한성일　한홍순
허판호

머리말

매일 아침 900여 지인과 나누는 내 아침톡 모음집.

≪철부지 교수의 모닝톡톡≫, ≪톡톡 안녕하십니까≫에 이어 세 번째. 이제부터 '이복규 교수의 아침톡톡'이란 이름으로 고정해 시리즈로 내려 합니다.

특별히 이번 책은 정년 기념입니다.

1부 _ 가정과 행복

2부 _ 내가 만난 사람들

3부 _ 사회·문화의 이모저모

4부 _ 코로나19, 학교와 교육

5부 _ 종교와 신앙, 살아볼 만한 세상

6부 _ 이복규라는 사람

이렇게 여섯 개 장으로 나누고,

본문이나 댓글 가운데 인상적인 대목을 부제로 삼았습니다.

판소리의 추임새같은 독자들의 댓글을 함께 실었습니다.

(댓글의 맞춤법과 문장부호 등은 원형대로 두었음)

더러 댓글이 없는 것은, 미처 저장하지 않았거나 미발표 글이라 그런 것.

맨 끝에 '아침톡을 읽고'라는 이름으로 일곱 분의 글을 수록했습니다.

이 책 내용 전체에 대한 독후감들입니다.

또 하나의 변화로, 예쁜 사진들을 넣었습니다.

신진 일러스트레이터 안지수 님이 스페인, 연남동(서울), 세미원(양평)에서 촬영한 작품입니다.

평생 이 아침톡 나누기를 계속하고 싶습니다.

이 글이 널리 퍼지도록 다시 나서 주신 책봄출판사 한은희 대표님, 독후감을 보낸 주신 강문수, 강석우, 백훈, 유성호, 전무용, 정종기, 조동일 선생님, 편집 관련해 귀한 조언 아끼지 않은 차은숙 작가님, 고맙습니다.

늘 가장 먼저 읽고 조언하는 아내(김범순)의 사랑도 기억합니다.

2021년 9월

이복규

차례

머리말

2부 _ 하루 한 번씩 바라보겠습니다 : 내가 만난 사람들 --- **40**

4부 _ 접촉? 감염! 막학기··· : 코로나19, 학교와 교육 ----- **162**

아침 톡을 읽고 : 조동일, 유성호, 강석우, 백훈, 정종기,전무용, 강문수

1 one

고물고물 쌀벌레도 제각각 :

가정과 행복

소소하고 찬란한 하루

안 보내요?

아침 7시면 보내는 내 아침톡.

한번은,

논문 관련해 지인과 중요 문자 주고받는 사이 7시가 훌쩍 …

아내가 하는 말.

"오늘은 안 보내요?"

학자가 아침마다 한가하게 그러고 있다며 못마땅해하던 사람.

몇 년째 이러자, 포기했는지 이제는 적극 협조합니다.

저녁마다 미리 읽고 이상한 데 일러주기.

부부 공동 작업!

이제는 왜 안 보내냐고 채근하기까지 …

오래 살고 볼 일입니다. ^^

tolk ●●● **이연철 님**
그래요. 오래 삽시다.ㅎㅎ

김상덕 님 ●●● tolk
어짜피 포기 안할 거 같아 차라리 같이 동참해 내조자가 되셨네요.

tolk ●●● **김학선 님**
덕분에 늘 감사하며 잘 읽습니다. 이제 보니 사모님께도 인사를 드려야 하는 거네요.

김창진 님 ●●● tolk
언젠가 이 형이 안 보내던 날 저도 궁금했죠. 습관의 힘.

tolk ●●● **이수진 님**
ㅋㅋㅋ 어차피 못 말릴 거 포기하고 같이 하면 재밌더라고요. ㅋㅋㅋ

강문수 님 ●●● tolk
아침에 답글 달고 있으면 우리 마누라 눈 흘깁니다.
남편 빼앗아간 존재에게 보내는 미움도 보태져 있더군요.
'도대체 누구한테 아침마다 난리야'
'응, 복규 형님!'^^

환대

명절이지만 몸이 아파 고향 못 가는 직장 언니.

그 말 들은 내 조카딸이 챙겼다죠.

기왕에 하는 음식 좀더 많이 해서 갖고 갔답니다.

그 일로 가까워진 어느 날.

딱 어울리는 남자 청년을 소개해 주더라죠.

두 사람을 생각하는 순간, 몸에 소름이 돋았다는 말과 함께.

평소에 세 가지 기도했다는 조카딸.

1. 내가 하나님 사랑하는 것보다 더 하나님 사랑하는 사람.

2. 부모님도 좋아하는 사람.

3. 생각이 통하는 사람

만나 보니, 세 조건에 들어맞고, 아버지 이미지가 느껴져 결정했다네요.

들으며 생각하니, 작은 환대가 빚어낸 축복의 스토리.

되로 주고 말로 받는다더니,

음식 주고 평생의 반려자 만난 조카딸. 대박. ^^

tolk ●●● **정종기 님**
우연적 필연.

김은숙 님 ●●● tolk
우물가에서 물 떠주고 배우자 만난 리브가 같네요.

tolk ●●● **김정근 님**
어머낭~
조카의 이쁜 마음이 만들어낸 결실이군요.

김지형 님 ●●● tolk
와! 마음 씀이 남다른 조카분이네요. 그러니 복을 받는 것이겠지요. 축하드립니다.^^

tolk ●●● **박원경 님**
환대와 인연.
수 많은 남자와 여자 속에서 짝을 이룰 수 있는 이유는 인연.

배영동 님 ●●● tolk
요즘 프랑스 사회학자 겸 인류학자 마르셀 모스의 <증여론>을 보고 있습니다. 에밀 뒤
르케임의 조카로서 숙부의 수제자였던 모스에 따르면, 증여에는 주는 의무, 받을 의무,
답례할 의무가 있다고 해요.(모스의 증여이론이 레비스트로스에게 가서 교환이론으로
발전했지요. 혼인도 여성의 교환제도로 해석).
이 선생님 조카딸이 명절 때 주는 의무를 배려처럼 실행했던 것을, 그 청년이 고맙게 받
고(받을 의무의 실천), 다시 답례로 한 가족이 되어가네요. 그런데 한 가족이 되는 데는
두 사람의 판단, 선택, 노력이 함께 작용했겠지요.

현실적이라고요?

지난 주말, 집에서 점심 먹다 일어난 사건.

친척이 운영하는 무창포 작은 호텔(테라마르)의 이름에 대해 내 의견 말했죠.

"현재 이름은 너무 어렵다 …

'무창포호텔'로 바꾸는 게 좋다 …

그러면 누구나 쉽게 기억 …"

현실적이지 않다는 즉각적인 두 아들의 반론.

"그렇게 지으면, 후줄근한 이미지 떠올라요."

소신 굽히지 않고 한마디 더한 게 화근.

"현실적이지 않다고?

내가 얼마나 현실적인데 …?"

여기까지 말한 순간,

"푸하하하하하하하하 …

아빠가 현실적이라고요? 현실적?

ㅋㅋㅋㅋㅋㅋㅋㅋㅋ"

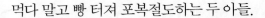

먹다 말고 빵 터져 포복절도하는 두 아들.

원 세상에 …

내가 이런 정도라니 … ㅠㅠ

tolk ●●● **강문수 님**
'현실적' 이야기하다 '현실'을 보셨군요.

우영진 님 ●●● tolk
저도 그래요. 딸 아이가 아빠는 혼수상태라네요. ㅠㅠ

tolk ●●● **이종건 님**
ㅎㅎㅎ 제가 생각하기에도 교수님은 현실적이지는 않은 분.

박호재 님 ●●● tolk
저도 무창포호텔은…
호텔보다 여관 느낌를 풍기는 것 같다고 생각합니다. ㅎㅎ

tolk ●●● **한경희 님**
아주 잘 살았다는 두 아들의 존경심인 듯.
너무 현실적인 아버지?~~~~
별로라고 생각해서요.

송찬구 님 ●●● tolk
나같은 사람을 현실적이라고 하는 거지!. ㅠ… ㅋ ㅋ ㅋ

tolk ●●● **임치균 님**
공부하는 사람은 어쩔 수 없나? 나도 현실적이라고 생각하는데, 아닌가벼!

축시 낭송하는 아버지

초등학교 친구 김영진 원장의 아들 결혼식.

건강보험심사원에서 일하는 의사답게

친구는 딱 20명만 초대한 자리.

특별한 장면을 봤습니다.

신랑 아버지의 축시 낭송.

신부에게는 미당 서정주 시인의 〈국화 옆에서〉,

신랑에게는 천숙녀 시인의 〈여행〉,

이 두 편의 시를 완전히 외어,

말하듯 읊어 주기.

"한 송이 국화꽃을 피우기 위해…"

"미지에서 새롭게 만나는 바람과 구름과 빛/오늘은 다 좋아"

며느리를 한 송이 국화꽃으로 맞이하는 마음,

결혼 생활이 늘 새로운 감격과 만나는 복된 여행이길…

바라는 심정이 느껴지는 낭송이었습니다.

하객에 대한 인사말에 이어,

정성껏 고른 시 낭송해 주기, 참 흐뭇한 시도입니다.

해 주고 싶은 말, 아름다운 시로 대신하기.^^

tolk ●●● **이부자 님**
아버지의 자식 사랑하는 마음이 결 곱기도 하군요.

남궁인숙 님 ●●● tolk
멋진 신랑아버지네요. 축시 읽어주는 어머니 되어볼까요?

tolk ●●● **문창실 님**
그 혼례의 하객들은 이 무슨 행운이랍니까?

이종건 님 ●●● tolk
참 멋진 시아버지네요. 첫 아이 낳았을 때 꽃을 선사했던 기억이 나네요. ㅎㅎㅎ

tolk ●●● **백승국 님**
아들 결혼식에서 축시를 낭송하는, 그처럼 멋진 옛 친구를 곁에 두신 분은 행복한 사람.

곽신환 님 ●●● tolk
소강절은 편지 대신 시를 써 보내곤 했답니다.

tolk ●●● **김동명 님**
2013년에 딸을 시집보내면서 딸에게 10편, 사위에게 10편 시를 써서 미니 시집을
만들어줬습니다.

시든 게 아니라

새벽기도 마치고 돌아오는 길.
이웃집 화분의 해바라기꽃을 보고 말했죠.

"꽃이 벌써 시들었네요."

아내의 대꾸.

"시든 게 아니라 열매 맺는 거에요."

그 말 듣고 살펴보니,
빈틈없이 들어차 여물어가는 해바라기 씨 가족,
풍성하여라.

저 해바라기처럼,
더 이상 고운 용모 남지 않은 우리.
하지만 …

tolk ●●● **안병걸 님**
아. 훌륭하십니더.

한미숙 님 ●●● tolk
익어가는 거라는 노래가사가 생각나네요…

tolk ●●● **이수진 님**
사모님도 시인.

김신연 님 ●●● tolk
'지혜로운 지어미를 둔 지아비는 세상을 얻었다'는 말이 있어요. 세상을 얻었어요!

tolk ●●● **백훈 님**
이때를 정현종은 그의 시에서 '꽃도 피면 시드나니가 아니라 시들음의 향기화…'라고 표현이라고, 나는 지금도 이병기의 '낙화'와 함께 이것이 이 때(현상)의 가장 멋진 표현 두 개라 생각해요.

곽신환 님 ●●● tolk
녹음 속에 열매가 감추어져 있더라는 중국의 시어가 있어요.

tolk ●●● **김용화 님**
들꽃 같은 사모님을 만나 이 교수가 소년처럼 늘상 해맑아 보이나 봅니다,

쌀벌레

장마철 습도가 높아 그런지 쌀통에서 쌀벌레가 생긴 모양.

신문지 위에 부어 놓고, 함께 앉아 한 마리씩 골라냈죠.

손가락으로 헤쳐가며 잡아내다 안 사실.

똑같은 자극인데도 다르게 반응합니다.

어떤 놈은 둥글게 몸을 웅크려 죽은 체하기.

어떤 놈은 도망쳐 보겠다고 부지런히 기어가기.

고물고물.

원 세상에 …

쌀벌레도 제각각 성격이 다를 줄이야 …

tolk ●●● **강문수 님**
저희 어머니, 쌀벌레 생기면 따가운 햇볕에 널어서 퇴치했었죠.
고물고물 기어서 도망가던 쌀벌레. 모습이 지금도 선하네요.

차성만 님 ●●● tolk
페트병에 쌀을 보관하면, 쌀벌레가 안 생겨요. 전원주택 살며 터득한 요령이죠.

tolk ●●● **김은주 님**
ㅋㅋ 아름답습니다. 머리 맞대고 알콩달콩거리는 부부의 따스한 모습이라니!
근데 소소한 집안일 돕는 과정도 삶의 지혜를 배우는 학자적 본능 이거 완전 중증 직업
병이네요.

김창진 님 ●●● tolk
아 거 참 위대한 발견입니다. 적극적, 소극적 태도는 만물이 동일한가 봅니다.

tolk ●●● **안상숙 님**
쌀벌레도 …. 다 계획이 있군요.

길지연 님 ●●● tolk
생명체이기에…
교수님이 동화로 써도 재미날 듯해요.

터미널에서

순창행 고속버스 타러 간 강남터미널 대합실.
지난 번에도 만났던 순창 50대 부인,
팔순쯤의 부친 모시고 앉아 있습니다.
버스 출발시간 다가오자 그 아버지,
호주머니에서 뭘 꺼내 딸한테 건네시고,
딸은 한사코 거부하며 도로 찔러 드립니다.

언뜻 보니, 꼬깃꼬깃 만 원짜리 몇 장.
필시 … 혼자 사시는 노부가 용돈 아꼈다 딸한테 주려고 하신 것 …
"참 … 아버지도 … 얼마 전에도 주시고는 …"
딸이 하는 말로 미루어 간간이 그러시는 듯.

돈 드릴 아버지가 계시다는 것.
용돈 모았다 줄 딸이 있다는 것.

이것이 행복이려니 …
보기만 해도 눈물겹도록 아름답고 부러운 …

talk ••• **송찬구 님**
아침마다 자녀를 위한 기도를 하며 손주들을 위해 천 원씩 기도금으로 상자에 넣었다가
100일이 되면 통장에 보내줍니다.ㅎ

구자천 님 ••• talk
9살에 부모에게 학대받는 아이~ 50대에 부모에게 용돈 받는 아줌마~~ㅠㅠ
신이시여! 제발 사랑을 공평하게 나누어 주시길~~!!!

talk ••• **차성만 님**
부러운 이별 장면이네요!

조순자 님 ••• talk
돌아가신 친정어머니.
하나밖에 없는 딸네 와서는 이틀 밤만 주무시면 부담 준다고 가시겠다며 하시던 어머니.
집에 잘 도착하셨나 전화하면 예야 그 이불속에 돈 조금 넣었다 하던 어머니.
나 살기 바빠 용돈 한 번 넉넉하게 드려보지 못했는데…
그 따스한 어머니가 보고 싶습니다. ㅠㅠ

talk ••• **배영동 님**
돈을 줘도 딸이 주는 게 일반적인데, 간혹 노부가 준다니 딸 사랑이 더 짠하네요.

김미희 님 ••• talk
살아계시는 것만으로도 감사하지요. 아침저녁으로 전화해서 하루 일과 여쭈어보고 엄
마라고 부를 수 있어 감사하지요.

talk ••• **이수진 님**
저희 외할머니 같으세요. 용돈 십만원 드리면 다시 증손주들에게 5만원씩 주세요.ㅋㅋㅋ
그래서 왜 그렇게 하시냐고 했더니. 용돈 줄 수 있는 증조할머니가 돼서 기쁘시대요. ㅎㅎ

인연

강문수 대학 후배가 총각 때 아내와 맺어진 사연.
과묵한 여성과 결혼하리라 마음먹고 탐색하던 중 …
문학회에 새로 들어온 후배가 처음 보는 순간 맘에 들더라죠.
모일 때마다 한마디도 하지 않아 더욱 호감.

바로 이 사람이다!

그러나 결혼하고 보니 결코 과묵하지 않기에 물었다죠.
"왜 그때는 말이 없었지?"
"뭘 알아야 말을 하지."

말 잘하는 아내와 아주 잘 살고 있습니다.
인연. ^^

tolk ●●● **정종기 님**
제목을 '침묵은 금'으로 하면 어떨까요?

김정한 님 ●●● tolk
만약 과묵한 분과 결혼했더라면 불만을 가졌을 수도, ㅎㅎ

tolk ●●● **신성일 님**
모르는 것에 대한 현명한 대처네요^^

전윤혜 님 ●●● tolk
ㅋㅋㅋ유머러스 남편 …그때는 참 잼나더니 이젠 왜케 수다스런지 ㅋㅋㅋ
근데 남편도 저에게 그러겠죠?? ㅎㅎㅎ

tolk ●●● **권성로 님**
모르면 과묵. 몰라도 아는 체 하며 대화에 끼어 들면 푼수. 차차 알아갈수록 훈수하는 분
은 멘토.

도대체

지난 주말, 교회학교 다른 부서 여교사와 결혼한, 대학 후배의
아들.

가르친 어린이 하나가 상급반에 올라가,

새로 만난 선생님을 각각 자랑 자랑하는 바람에 맺어졌다네요.

"도대체 어떤 사람이기에 …"

서로 궁금해 만나다, 마침내 성공!

결혼식장에 참석한 가족이며 친지들이 이구동성으로 하는 말.

"신부가 시어머니와 아주 닮았네."

예전에 권오만 은사님의 사모님께 어떻게 두 분이 맺어지셨나
여쭙자,

부임한 학교 여학생마다 '권오만 선생님, 권오만 선생님' 하기에,

도대체 어떤 사람이기에 그러나 싶어 만났더니

과연 진국이라 결혼했다시더니 …

게다가 고부간 얼굴까지 닮았다니 금상첨화의 만남.

늘 행복하기를!

tolk ●●● **구자천 님**
나는 제자인 처제가 하도 내 얘기를 해서 남같지 않았다나 뭐라나 ~~ㅠㅠ
그런데 어머니 닮은 여성에게 남자들은 약한 거 같아.
그러면 자식을 위해 여자 인물을 봐야 되네.~~ㅎㅎ

김미향 님 ●●● tolk
저도 시어머니랑 닮았다는 이야기 많이 들었었는데 그게 다 인연인가 봅니다.

tolk ●●● **배영동 님**
남들이 수없이 자랑할 수 있는 사람이라면 이미 "된사람"이겠죠.
좋은 만남, 좋은 부부 오래 오래 행복하기를…

어떤 누나

향년 65세 인척의 문상 자리.

여러 남매 있으나 가장 슬피 우는 여섯 살 손위 큰누나.

갓난아기 때 기저귀 빨고 안아준 남동생이라네요.

나머지 동생들도 모두 그리 했다죠.

얼마나 예뻤는지, 그냥 이름 부르지 않고 반드시

우리 아무개, 우리 아무개 …

더욱 놀란 사실.

이복 누나 …

어머니 일찍 여의고 들어온 새어머니 소생들을 그리 살갑게

살갑게 …

그 누나 30리쯤 옆 마을로 시집 가자 자주 찾아갔다는 남동생

(고인).

어느 날 시어머니한테 누나가 꾸중듣자 그랬다네요.

"우리 누나 혼내지 마요."

암으로 투병하면서도, 문병 간 누나 입에,

자기가 먹어야 할 공진단 입에 넣어주더라며,

맛있는 음식 해 먹였어야 했건만 위암 말기라 그러지도 못했

노라며

흐느끼고 있는 저 누나.

tolk ●●● **이종건 님**
참 슬프셨겠어요. 뭐 해먹이지 못한 게 제일 마음에 걸리나 봐요.

나운찬 님 ●●● tolk
자기 정을 많이 준 동생이구먼~~그 동생도 그리 따랐으니 얼마나 슬픔이 클까~~

tolk ●●● **문창실 님**
친남매간이라도 저리 못할진데 참으로 애틋한 남매의 진한 사랑입니다.ㅠ~

윤금자 님 ●●● tolk
아침부터 울컥했네요ㅠ
형제중에도 유달리 마음가는 형제가 있는 것 같아요.
제 막내동생도 이복동생인데 어렸을 때 많이 보살펴줬더니,
지금 40대인데도 다른 형제들보다도 더 신경쓰이고 챙기게 되더라구요ㅎ

tolk ●●● **배영동 님**
<음식디미방>의 저자 정부인 장계향은 무남독녀였죠. 시집가고 나서 아버지 경당 장흥
효 새장가 들게 했죠. 남동생 태어나자 데려가서 키우며 이웃마을 선생한테 데리고 다
니며 글공부까지 시켰죠.
그게 아들 갈암 이현일이 쓴 어머니 <정부인 행실기>에 나오죠. 그때도 드물었으니 기
록했겠죠.

제비집 4

옛 주인의 방해로 집 짓기 늦어진 우리 동네 제비 부부.

과연 새끼 까서 무사히 강남 갈까 우려했죠.

서둘러 집 완성하더니만 어느새 둥지에서 자란 새끼 세 마리.

장마철이라 아주 한참 만에야 먹이 물고 와, 짹짹짹 … 야단.

그 아래 있던 주인 왈,

"처음엔 불만 들어와도 짹짹거리더니 이젠 많이 자라 어미 와야
입 벌려요."^^

사람만이 아니라 제비도 새끼 건사하기 만만찮았던 금년 8월 장
마 …

어제 들여다보니 훨훨 강남 갔는지 텅 빈 둥지.

35년 만에 독립해 나간 아들 방 같아라.

tolk ●●● 최종례 님
저의 둘째도 분가한다 큰소리치고
나가더니 힘들었나 봐요.
다시들어와 안방 차지하고 둥지 틀더니
나가라 해도 안 나가네요.ㅎ

하순철 님 ●●● tolk
이 교수도 빈둥지증후군 느끼는 것은 아닌지. 성장하면 독립하는 것이 자연의 법칙이죠.

tolk ●●● 한미숙 님
빈 둥지가 횅하겠지요.
훈련소에서 아들이 전화해서 엄마가 해주는 것보다 밥이 맛있다네요.
웃어야할지 울어야할지…

임지숙 님 ●●● tolk
둥지를 떠난 아드님의 빈 자리를 제비집에서 떠올리셨네요.

tolk ●●● 원종범 님
저도 대전에 공부하러 간 제 동생 방을 보면 그렇더라고요. ㅎㅎ

재판합니다

《톡톡, 안녕하십니까》재판해야겠다는 책봄출판사 대표의 반가운 아침 전화.

얼른 가족 단톡방에 알렸죠.

"톡톡 안녕하십니까, 재판한답니다."

올리자마자 큰아들이 단 댓글.

"재판이라기에, 순간, 법원을 떠올렸어요. ^^"

시국이 시국이라, 책 때문에 애비가 필화 입어 재판받으러 가는 줄 알아 놀란 것이겠죠. 옆에다 한자 적어줄 걸…^^

그러나저러나, 재판이라니… 찍은 지 한 달도 안돼 재판이라니

…

난생 처음 일입니다.

tolk ••• **전무용 님**
이 교수님 아침 톡톡은 제가 생각했던 "잡감(雜感)문" 장르의 글이라는 생각을 하고 있습니다. '잡담' 같기는 하지만, 깨달음이 있는, 깨우침이 있는, 정보가 있는, 구도자(求道者)의 잡담, 학자(學者)의 잡담, 매력 있습니다. 일체감을 통한 자기 구원의 통로이기도 하지요(제가 오래 생각해온 문예 이론의 한 실마리입니다).

이부자 님 ••• tolk
저도 순간 깜놀했습니다. 축하드립니다.

tolk ••• **임문혁 님**
우와! 요즘처럼 출판계가 불황인 어려운 시기에도 재판 찍는다니 경사입니다. 역시 사람들의 가려운 곳을 긁어주고, 생각 거리를 전해주는 좋은 내용은 생명력이 있다는 증거일 것입니다. 재판 축하합니다.

김명자 님 ••• tolk
마음을 움직이는 책은 역시 많은 이들이 아는가 봅니다.
젊은 시절 읽었던 임어당(린위탕)의 《생활의 발견》이 느닷없이 생각나네요.

tolk ••• **왕현철 님**
작가들이 가장 듣고 싶어 하는 말이 재판. 축하합니다^^

이성환 님 ••• tolk
축하드립니다.
코로나 19로 일상이 그리운 때에 톡톡 아침 문안 인사의 제목과 글이 와 닿는 시기의 덕분입니다. ㅋㅋ

감도 차이

"당신은 어떤 여자와 살아도 행복할 것."
아내가 이따금 하는 말입니다.

내가 대답하고픈 말.

"어떻게 먹어도 삼시 세끼,
무얼 먹고 살든 그게 그거라지만, 다른 맛 …
좋은 음식 먹으면 영양에 별미 즐기기.
어떻게 살아도 한평생,
누구랑 살아도 그게 그거라지만,
다른 감도 …
좋아하는 사람과 살면 나날이 샘솟는 고농도 행복감."

tolk ●●● 남미우 님
ㅎㅎㅎ그런데 연애하고 부모 반대를 무릅쓰고 결혼한 커플 중에 이혼한 친구들이 있어
요. 그러니 알 수 없는 거 같아요.

김순자 님 ●●● tolk
짧은 글이지만 많은 내용이 생각나네요.

tolk ●●● 한홍순 님
고농도 행복을 맛보며 사시는 장로님의 삶이 부럽습니다.^^

곽신환 님 ●●● tolk
마나님 말씀이 칭찬 아님 야지?? 당신이 최고야 소리 더 많이 하셔야할 듯.

tolk ●●● 김령매 님
글만 봐도 행복감이 맴 맴~
저도 바르게 행복해야지 싶어지네요.^^

2_{two}

하루 한 번씩 바라보겠습니다 :

내가 만난 사람들

소소하고 찬란한 하루

아버지의 선택

"공부할래, 지게 질래?"

초등학교 들어갈 무렵,

우리 조부님이 선친한테 물으셨다죠.

지게를 선택한 우리 아버지,

전주이씨 효령대군파 21세손 수환 님

평생 농부로 살다 가셨죠.

전혀 몰랐던 그 사연,

고종사촌 여동생이, 큰고모님한테 들었다며 들려주어 알았습니다.

당신은 지게 졌지만 공부 잘하는 막냇동생은 가르쳐

일제강점기 명문학교였던 이리농림학교 졸업시키고,

몸 허약해 공부밖엔 할 게 없는 나도

일 안 시키고 공부하게 하신 우리 아버지.

적성 따라 살아가신 분.

적성 따라 형제와 자식 살도록 밀어주신 분….

그 어려운 시기에.

많이 많이 부끄럽습니다.

tolk ●●● **이명희 님**
막내동생이면 울 아버지이신데 이리농림학교 졸업하신 거 첨 알았습니다.
글구 재정오빠가 큰아버지한테 "아버지는 동생은 가르치면서 왜?
자식인 나는 안가르치시냐?"
불만을 털어놓으셨다고 들었습니다. 오빠 마음을 충분히 이해합니다.

강문수 님 ●●● tolk
스스로 선택하는 인생.
햄릿의 명대사 'to be or not to be'는 죽고 사는 문제보다 선택이 더 중요하다는
메시지를 담고 있죠.
놀라운 건 형님의 조부님. 아들의 인생을 스스로 선택하게 한 선각자.
형님 아버님의 선택은 한국인의 마음 그 자체. 당신이 선택한 삶을 묵묵히 살면서
조용히 타자 돕기.

tolk ●●● **강석우 님**
어려운 시절! 홀로 세파를 견디신 우리 아버지!
철없는 아들은 그런 아버지가 부끄러워 원망만 했지요.

서화종 님 ●●● tolk
그 옛날 살아오신 부모님만 생각하면 가슴이 아픕니다.ㅠ
특히 저는 외아들이기에 아버님 도와드린다고 지게 한 번 졌다가 아버님한테 혼난 적이
있습니다.

tolk ●●● **이동순 님**
이리농림학교, 조선의 수재들만 다닌 요즘의 영재학교,
시인 한하운이 다녔던…

황순원 선생님의 앉은뱅이 책상

소설가 황순원 선생님 댁에 세배 갔을 때.

서재 앞을 지나치다 살짝 들어가 훔쳐본

집필용 앉은뱅이 책상.

정갈하게 펼쳐진 원고지에 새까맣게 깔린 교정의 자취들 …

원 세상에!

환갑도 넘은 원로작가가 …….

군말 전무한 〈소나기〉도 이런 산통 끝에 나왔으리.

선생님 돌아가신 후 세워진 양평의 황순원문학관과 소나기마을.

그 기념문학관 방문했을 때, 내 눈에 가장 먼저 띈 것도 육필원고
들이었죠.

초벌원고며 교정지들이 많이 전시되어 있었는데, 유일한 산문
집인 〈말과 삶과 자유〉 서두 부분의 초벌원고.

대학노트에 빼곡히 적은 그 원고는 어찌나 수정을 많이 했는지,

우리가 봐서는 도무지,

그 순서가 어떤지 알기 어려울 정도.

원 세상에!

소설도 시도 아니고, 수필을 쓰시면서 그리 수정하고 또 수정하

셨다니 …

정년하고 나서 70세 정도에 쓰신 글일 텐데,

저명 소설가가 수필 한 편에 그렇게 공을 들이셨다니….

플로베르의 일물일어설처럼,

한마디 한마디가 적재적소에 놓이게 하려고 했던 정신을 느꼈

습니다.

50만 원으로

월 수입 50만 원으로 가족도 부양하며 지내온 분.

밥죤스신학교 추연수 목사님.

참 맑은 분.

신학교 다닐 때 더러 따로 만나며 확인한 비결 몇 가지.

1. 카드 만들지 않기.

2. 도처의 저렴한 식당과 가게 위치 알기.

3. 공짜폰으로 wifi 지역에서만 …

4. 웬만한 거리는 걸어다니기.

5. 하나님이 돌봐주시는 걸 기억하기.

'자족'을 깨우치려 내려온 천사인지도 모르겠습니다.

tolk ●●● **추연수 님**
꽃은 가까이 가서 볼수록 아름답지만 사람은 조금 멀리서 봐야 예쁘지 않을까 싶네요.
다가가서 속속들이 들여다보면 그렇지 않을 수도 있지요. ^^

김영수 님 ●●● tolk
음, 가난하면서도 맑다니 현대판 안연!
그래도 난 생각만 해도 힘들어서리…

tolk ●●● **권순긍 님**
안동의 낡은 집에 사셨던 동화작가 권정생 선생님이 생각납니다. 평생 허름한 데서 지
내면서 인세는 모두 가난한 이웃을 돕는 데 쓰셨죠. 그러면서 당신의 삶을 만족해하셨
습니다.

강석우 님 ●●● tolk
나 혼자 쓰는 돈으로 가족을 부양까지 한다니! 놀랍습니다. 반성해야겠습니다.

tolk ●●● **박미례 님**
지구를 지키러온 천사님~~적게 소비해야 온난화 막을 수 있다는 진리를 실천하시는 분
~~
존경스러워라~~

송찬구 님 ●●● tolk
그분이 천사라면 나는 소비의 악마다!!!… ㅠ ㅎ

tolk ●●● **유영직 님**
만나보고 싶네요.
앞으로 제가 살고 싶은 삶의 방식입니다.
자족이라~~^~~

강득화 님 ●●● tolk
요즘 젊은이들, 50만원으론 핸드폰 관리도 벅찰 듯! 최신기종 나오면 일 년에 한 번 꼴
로 줄서서 구매,

손자 보기

"아버지, 손자 보러 오셔요."
은퇴 무렵,
아들의 전화 받고, 기쁨보다는 충격이었다는 신표균 선배.
아 … 천사같은 그 아기를,
속물로 살아온 이 몸으로 안아야 한다니 …

산후조리원 찾아갈 때, 정성껏 글 하나를 써 갖고 갔다지요.
원장과 며느리가 아기 안고 나온 면회실.
아기한테 주는 말을 담은 그 글.
안기 전에, 천천히 읽어준 다음, 건네받아 품에 안았다죠.
지켜보던 원장이 감동했다며 달라더라네요.
표구해서 조리원에 걸어두겠다며 …

나를 돌아보며 사는 할아버지 되고 싶어,
그 후로 시 공부해 시인으로 등단,
시집을 두 권이나 낸 선배,

요즘도 시 품평 모임에서 발표할 시 짓느라,

도무지 늙을 줄도 모른다네요.

아기가 자라는 과정 과정을 시로 표현해 갖고 있다는 선배,

그 손주가 어느새 중2라며, 해맑게 웃는 멋진 우리 신 선배.

talk ●●● **강영경 님**
감동 주시는 멋진 선배이십니다.

권혁래 님 ●●● talk
그렇게 시가 나오는군요. 절실한 정서와 진정성 있는 표현이 중요한 거죠? 그렇게 글을 쓰면 쓸모 있는 글이 되는 조건을 갖추는 거네요.

talk ●●● **이수진 님**
와 멋진 할아버지네요. 문득 드는 생각인데.. 아들도 그런 마음으로 보셨을까요~? ㅋ. 자식은 정신없이 키우다가 시간이 지나는 것 같아요… ㅋ

김영수 님 ●●● talk
복규쌤도 어여어여 손주보세요. 공감을 넘어서는 느낌이 잔잔하게 피어오를 듯!

talk ●●● **이동준 님**
"베 짜는 아낙도 하늘이요, 우는 아기도 하늘이니, 사람 대접하기를 하늘같이 하라" 하였다죠~.

배영동 님 ●●● talk
대단한 감동이군요. 독자도 감동, 할아버지도 감동!
이야기의 상황은 "성스런 손자"와 "속된 할아버지"로 대비되어 있군요. 그렇겠지요. 그게 우리 조상들의 신생아에 대한 보편적 인식이었을 거라고 봐요.

어떤 우정

1967년 경부터 지금까지 매주 만난다는 대학 선배 두 분.

한 분은 국어 교사인 이석범 선생, 한 분은 서예가 윤양희 교수.

야간대학에서 만나 더 애틋한 걸까? 50년 넘은 세월 동안 매주 …

어떤 때는 한 주에 두 번도 …

차 마시거나 전시회, 책방, 골동품점 함께 가기.

부부 함께 살아도 할 얘기 늘 넘치는 것처럼 아마 그런 모양.

더욱 놀라운 이야기 하나.

아들 결혼 주례 서로 서 주기.

자식 바꿔 가르친다는 말은 들었지만 …

얼마나 서로 존경했으면 …

팔순에 이른 두 분 선배님,

계속 강녕하여 아름다운 우정 이어가시길!

tolk ●●● **권대광 님**
서로 배우며 성장하시는 참벗을 만나셨군요. 이런 만남이 가능하다니.. 하는 생각이 듭
니다.

박미례 님 ●●● tolk
두 분 연애하시나 보당.^^ㅋㅋ

tolk ●●● **차성만 님**
남녀 사이만 애틋한 것은 아니다. 친구 간에도 애틋하다.

이상협 님 ●●● tolk
긴 세월 변하지 않은 우정이 아름답습니다.

tolk ●●● **김선군 님**
아름다운 이야기의 향기가 코로나19를 밀어냈으면 좋겠습니다.^^

박약국 2

주말, 고향 갔다가 들른 함열 박약국.

마스크에 손 씻기로 감기약 안 팔린다는 요즘.

"살 빠지는 약 … 뭐뭐 주셔."

통통한 중년 남성의 그 말에,

약 꺼내는 대신 이것저것 추궁하던 내 동창 박 약사.

"이 약은 아무나 먹는 게 아녀유.

고기 자주 먹는 사람, 흡수 방해용이어유.

그리고 … 이미 찐 살은 못 빼유."

이러면서 돌려 보내기.

감기약 불황이라면서 … 약 팔겠다는 건지, 뭐 하겠다는 건지.

ㅎ ㅎ ㅎ

귀경 길 동행한 우리 형한테 그 이야기 하자마자 왈.

"그 사람, 다음에 틀림없이 그 약국만 찾을 거야."

tolk ●●● **이수자 님**
요즈음 안과 병원도 만사휴의라네요.
마스크에 손씻기 잘해서 눈병 앓는 사람이 적어서 … ㅎ

강문수 님 ●●● tolk
만약에 직업윤리의식 시험이 있다면 틀림없이 100점 만점 받으실 양반~

tolk ●●● **윤세민 님**
찐 약국.

유영대 님 ●●● tolk
단골 만드는 비법입니다.

tolk ●●● **문창실 님**
당장은 이득이 안될 수도 있지만 정도를 걷다 보면 차곡차곡 선업이 쌓여 장차 큰 이로움을 얻게 된다는 사실을 그 약사님은 알고 계신 거고 형님께서도 그리 말씀하신 거죠 ~^^

권성로 님 ●●● tolk
약을 권해야 약을 팔고 돈도 벌텐데…
박 약사님은 거꾸로 된 길을 걷는 분.
2009년 선종하신 바보 추기경님의 말씀이 생각납니다.
"버리고 비우면 또 채워지는 것이 있으리니 나누며 살다 가자."

절하기

우 임금은 착한 말 들으면, 그 사람이 누구든 엎드려 절했다죠.

맹자가 말한 것이나, 전설같은 미담.

엊그제 그렇게 행동하는 분 만났습니다.

함께 산행하고 점심 먹던 전무용 박사.

"과거 신문 기사에서는 문기(文氣)가 느껴졌는데, 왜 요즘은

그렇지 않은가?"

이 화두 꺼내기에 대답했죠.

"전두환정권의 언론통폐합 이후

정책적으로 기자들의 처우를 파격적으로 개선하면서 바뀐 것.

잃을 게 없을 때는 정론직필하다가 잃을 게 많아지자

눈치 보며 몸사리게 된 것(손석춘 기자의 글 참고)."

그 말 듣자마자,

국수 먹다 말고 벌떡 일어나 꾸벅 90도로 절하는 전 박사.

궁금증 풀어 줘서 고맙다며 …

진짜 호학자.

"호학심사(好學深思: 배우기를 좋아하며 깊이 생각한다)"…

사마천의 이 말을 사랑한다더니, 우 임금 미담을 실천하는 분.

나도 그간 전 박사 덕분에 깨친 게 많으나, 절할 생각은 미처 못 했건만,

한 수 위입니다.

tolk ●●● **박정규 님**
연탄가스 중독 사건이 신문에서 사라진 시점은 기자들이 거의 다 기름보일러로 바꾼 시점과 일치한다더군요.

강영경 님 ●●● tolk
두 분 모두 아름답습니다!

tolk ●●● **구미래 님**
그러네요.
권력층과 언론, 서로가 길들이기…

이동준 님 ●●● tolk
누구는 좋은 말 듣고 그것을 행하기 전에는 다른 것을 더 들으려 하지 않았다면서요?

돼지고기 안 먹던 친구

종교적인 이유로 돼지고기 안 먹던 대학 동창.

심지어

중국집에 가서 짜장 먹을 때도 돼지고기 골라내던

삼육중 이동용 교감.

언젠가 궁금해서 내가 물어봤죠.

"먹고 싶어도 억지로 참는 거야?"

곧바로 해준 대답.

"아니 …

처음엔 그랬지만

이젠 냄새도 역겨워."

그 말 듣고 깨달은 사실

아하,

신심이 깊으면 안 먹는 게 아니라 못 먹게 되는구나!

〈나는 자연인이다〉에 출연한 어떤 분도

하산해 육식하면 탈난다고 하듯!

talk ●●● **강문수 님**

이슬람 사회가 돼지고기를 안 먹는 이유는 돼지가 인간과 같은 음식을 먹는 잡식 동물
이기 때문이라죠. 인간과 식생활 경쟁자이기에 척박한 사막 지방에서 사육하게 되면 일
부 부자의 식도락을 위해 가난한 자들은 굶어죽게 되니 그것을 방지하기 위함이라네요.
인도에서 소를 신성시하는 것은 소를 다 잡아먹으면 농사지을 노동력이 없어지기에, 그
방지책.
조선시대에도 같은 이유로 소도살을 금지하기도 했죠.
인도 최하층민에겐 생계를 위해, 조선시대 백정처럼, 쇠고기를 다루는 권한을 주었다네요.

제레미 리프킨은 '육식의 종말'에서 유럽과 미국인이 고기 먹느라 사료로 사용한 옥수수
면 지구상 모든 인간이 기아에서 해방된다 주장하고 있죠.
게다가, 대량 사육하는 소새끼 방귀가 오존층을 파괴한다니, 이번 여름 폭염의 원인이
내가 먹은 고기 때문은 아닌지 심각하게 생각해 볼 일~.

은사님의 격려

아침톡 종이책으로 내려 〈서문〉 쓰다,

은사님께 따로 카톡 드렸죠.

한국학대학원 박사과정 때 배운 이혜순 선생님.

"〈서문〉에 선생님이 보내셨던 격려 말씀,

다른 독자분들 것과 함께 넣고 싶습니다.

'읽기 쉽고 리듬감이 있는 데다 함축도 작지 않은 글이네요.'

새로운 세계, 새로운 경지를 개척하신다는 느낌이 듭니다."

이렇게 싣고 싶으나 허락하지 않으시면 접겠습니다.

강건하소서. 불초 복규 드림"

조마조마해 하는 중 도착한 선생님 답글.

"그러지 않아도 문자 한번 드려야겠다는 생각을 했습니다.

  짧은 글을 통해서나마 드러난 이 교수님의 삶과 시선이 참 아름

다워서

  글 읽는 사람을 행복하게 해서요.

  격려하신 분들 중에 포함되면 제가 영광이지요.

힘든 시기 잘 극복하시고 늘 평강하십시오. 이혜순 드림"

허락 말씀도 황감하건만,

제자한테 이리 깍듯이 거듭 넘치는 격려 문자까지…

어려운 시기 … 진짜 아름답게 살아야 하겠습니다.

tolk ●●● **곽혜선 님**
교수님의 글은 짧고도 의미를 부여하는 글입니다.
네팔에 있으면서도 여러 곳에서 전문가들을 만나볼 수 있는 기회를 주셔서 너무 감사했
는데 드디어 책으로 나온다니 반갑습니다. 가까이 계신 분들께도 선물하고 싶습니다.

김창진 님 ●●● tolk
사제 모두 보기 좋습니다.

tolk ●●● **신은숭 님**
이야기가 아름답습니다~

권혁래 님 ●●● tolk
선생님, 이혜순 교수님의 말씀에 기품이 있네요. 그렇죠. 새로운 경지를 개척하시는 것
맞습니다. 기승전결의 구성, 가까운 데에서 비유를 가져오기, 인간에 대한 깊은 애정과
깨달음, 자주 감동시키는 시적 정서, 폭넓은 제재 등 혼자 읽기 아까운 글을 매일 쓰십니
다. 부디 강건하시어 오랫동안 이 글 보게 하소서.

조병화 시인

경희대 대학원 시절 뵈었던 조병화 시인.

아마

우리나라에서 시집 가장 많이 낸 분이죠.

고등학교 국어책에 실린 〈의자〉를 비롯해 무수히 많은 시

남겼죠.

학부 때부터 배운 신덕룡 시인이자 교수가 한번 그러더군요.

"그분 모시고 답사나 어디 가면,

그 입에서 그냥 줄줄 시가 나오더군.

물은 아래로 흐르는 거 …

이러면서 술술 말하듯이

시를 읊으시는 거라."

생활이 곧 시였던 게지요.

요즘 내 아침톡도 그런 듯.

일상의 모든 게

아침톡으로 바뀝니다. ^^

노인과 바다

20%만 쓰고 나머지는 독자가 채워 읽게…

이른바 빙산 문체. 간결하고 함축적인 문체 개발해

후배에 영향 미친 헤밍웨이.

젊어서 잘 나가다가 잊혀져 가던 그 헤밍웨이를,

퓰리처상에 노벨문학상까지 받게 한 중편소설이

〈노인과 바다〉라죠.

그 이전에 발표한

〈무기여 잘 있거라〉, 〈누구를 위하여 종은 울리나〉

이런 장편으로 인기는 누렸으나 노벨문학상은 못 받던 헤밍웨이.

그런데 우째 이런 일이?

"헤밍웨이한테는 짧은 소설이 맞아서 그런 듯."

책이 좋아 교수도 그만두고

한평생 책만 읽고 소개하며 사는 로쟈 이현우 선생의 해석입니다.

장편소설은 인생, 사회 문제 등에 생각 깊은 작가들한테 어울리는 장르.

허먼 멜빌, 포크너 등은 장편으로 진가 발휘했으나

헤밍웨이는 아니었다는 것.

현재의 삶에서 긴장된 순간 즐겨,

취미도 사냥과 낚시였던 헤밍웨이한테는

중편이 딱 어울렸다는 것.

각각 자기한테 어울리는 일로 존재 증명하다 갈 일입니다.

tolk ●●● **로쟈 이현우 님**
특별한해석은 아니고요. 작품에 미국인은 나오지만 미국은 없는 희한한 사례..
노인과 바다는 그나마 쿠바인.

강문수 님 ●●● tolk
우리 나라에서는 간결체의 대표주자가 조세희 ~
로쟈 지적에 의하면 '난쏘공'은 장편이 아니라 단편이 모인 연작형식.

tolk ●●● **한성일 님**
이 교수님의 짧은 글 필체도 특허 내셔야 될 듯합니다.

신은경 님 ●●● tolk
'각각 자기한테 어울리는 일로 존재 증명하다 갈 일입니다.'
이 문구가 가슴에 남네요 ~^^

tolk ●●● **강석우 님**
그의 단편소설 'The Indian Camp'를 읽으면서 단문으로 쓰여진 글의 힘을 느낀 적이 있
었습니다. 자전적인 소설로 아버지인 의사가 인디언 산모를 손칼과 낚시줄만으로 제왕
절개수술을 하는 과정과 곁에 있던 부상당한 산모 남편의 죽음을 목격하는 소년 헤밍웨
이의 자전적인 소설인데 짧은 글인데도 강렬한 인상을 받았습니다.

시간강사 때 처음 만난 제자들과

1985년, 야간이었던 모교에서 시간강사로 강의할 때
전공과목 첫 수업 시간에 만난 졸업생들.
함께 인왕산둘레길 걷자기에 최운식 은사님 모시고 동행.
30여년 만에 만나 들어보니 연상의 학생도 둘이나 있었다고 …
^^

다행히 한 살 아래부터만 참석해 안심. ^^
교수(권혁준), 교장(김상한), 서예가(신춘희),
은행장 은퇴 후 방송대 영문과 졸업반 사람(강석우),
건설설비회사 운영자(문창실), 이불제조업체 대표(박정배),
대학 편집장 은퇴 후 희곡작품 준비하는 사람(백승국),
미국에서 교포 대상 뉴스레터 운영자로 문필가(백훈)…

내 나이 30세쯤 풋내기 강사로서 어설프게 강의해
늘 미안하기만 한 제자이자 후배들.
하도 미안해 언젠가 책 한 권씩 선물도 했죠
각자 자기 분야에서 빛나게 살아가는 사람들.

이렇게 불러주어 함께 걸으며 이런저런 얘기도 나누고,

함께 독립문 대성도가니탕 먹는 기쁨을 …

1회용 만남인 줄 알았더니, 철마다 불러냅니다.

이렇게 함께 놀며 곱게 늙어야지.

1만 권

독서광 지인 가운데 책도 쓰되 잘 쓰는 두 분.

공통점 한 가지.

1만 권 읽기 …

여성 분(이서영 님)은 1만 권 읽고 나서 책 쓰기.

남성 분(김동명 님)은 그러려다가 7,500권 읽고 저술.

그쯤 읽으니, 무당 말문 열리듯…

쓰고픈 충동이 일어난 것. ^^

tolk ●●● **구자천 님**
나도 무협지 포함시키면 꽤 읽었는데~~ ㅋㅋ
이웃 동네까지 다 찾아다니고~~
나중에는 1권과 20권만 읽고 나머지는 상상력으로ㅋㅋㅋ
맞네. 많이 읽으면 써지겠네~~ 박수~~^^

조승철 님 ●●● tolk
아침에 제목만 보고 1만원?권으로 읽어 버렸습니다.

tolk ●●● **안병걸 님**
요즘 1만 권은 예전 책 다섯 수레 넘습니다… 훨씬^^

권순궁 님 ●●● tolk
그런데 그게 물리적으로 가능할까요? 사흘에 책 1권씩 읽어도 1년이면 100권 정도밖에 못 읽는데, 1만 권을 읽으려면 100년이 걸리죠. 현실적으로 평생 30년 정도 꾸준하게 책을 읽으면 3천 권 정도는 가능하겠지요.

tolk ●●● **강석우 님**
뭔가를 이루려면 일만시간은 필요하다는 "만시간의 법칙"은 들어봤지만 1만 권 읽기는 처음 들어 봅니다.

윤금주 님(김동명 님의 부인) ●●● tolk
ㅎㅎ~~아닌 게 아니라 책이 엄청난 지식도 주지만 사람도 성자가 되게 하네요~~^
그래서 저도 닮아 보려고 1년에 140권 정도 읽으며 독서운동 하고 있답니다~~^
저도 성녀의 경지에 달해 보려구요~~ㅋㅋ

50번씩이나

글 쓸 때 50번씩이나 고치고 고쳐 원고 넘긴다는 최재천 교수.

신문사에서 한 글자라도 손대면 가만 두지 않는다죠.

그렇게 다듬고 다듬기에 중고등학교 국어책에 실렸다는 걸

유튜브 강연 듣고 알았습니다.

무슨 시험 출제위원으로 들어가,

1주일 내내 문제 내고 다듬으면서 느낀 점도 마찬가지.

봉송은 갈수록 줄어들고, 말은 갈수록 보태진다지만,

글은 다듬을수록 좋아집니다.

제 눈에는 안 보이나 남이 보면 드러나는 흠과 티들…

아마 최 교수 글도 남이 봐 주면 더 명문일 듯. ^^

tolk ●●● **곽경훈 님**
남이 봐주면 좋아지는 부분도 있으나 자신만의 독특한 특징이 사라질 수 있고, 무엇보다 '나의 글'이 아니게 되어서요. 영화감독이 자주 감독판이라고 자신의 온전한 뜻대로 편집한 것을 다시 상영하는 것도 비슷한 이유입니다.^^

곽신환 님 ●●● tolk
그건 최재천의 캐릭터일 뿐 누구나 흉내 낼 필요 없을 듯.
본인이 열 번 보기보다는 두 사람이 한 번씩 보는 게 공익을 위해서는 훨 낫지요.

tolk ●●● **권혁래 님**
최재천 교수님 글이 재밌고 읽기 쉽다고 생각했지만, 그런 까닭이 있었군요. 글 잘 쓰려면 별 수 없나 봅니다. 더 시간 써서 고치고 다듬는 수밖에~

이종건 님 ●●● tolk
아무리 그래도 완벽한 글은 없어요. 그래 보려고 하는 거지요.

tolk ●●● **왕현철 님**
글은 현재의 눈으로 보면 그런대로 괜찮게 보이나 시간이 지나서 과거의 글을 보면 늘 부끄럽지요. 백 번이라도 고치고 싶지만 현재의 마감 때문에 안타까울 따름입니다.^^

첫눈에

"하늘이 장차 이 사람에게 큰 소임을 내리려 하면,

반드시 먼저 그 마음을 괴롭게 하고,

그 살과 뼈를 고달프게 하며,

그 신체와 피부를 말라붙게 하고,

그 몸을 궁핍하게 하며,

그 사람이 하는 일마다 잘못되고 어지럽게 한다.

이는 마음을 분발시키고 성격을 강인하게 함으로써,

그 부족한 능력을 키워주려고 그런 것이다."

《맹자》〈고자장〉의 한 구절을 여원구 선생께서 붓으로 쓴 작품.

비대면 강의 녹화 도와주러, 마스크 쓰고 방문한 백송종 교수,

창문에 붙여놓은 이걸 보자마자,

"앗!"

소리와 함께 한동안 꼼짝 않습니다.

첫눈에 반해 눈을 떼지 못한 것.

어제 백 교수께 선물했습니다.

"이 작품 알아보는 분 만나 기쁩니다."

언젠가 한글제문 내가 눈독들이자,

평생 모은 것 모두 복사해 준 선문대 박재연 교수처럼,

나도 그렇게 한 거죠.

나보다 더 아낄 분 방에 오래 걸려 있으라고…^^

tolk ●●● **백송중 님**
여원구 선생님의 글씨를 본 순간, 맹자의 글에는 깊이가 있고,
여원구 선생님의 글씨에는 힘이 있음이 느껴졌습니다.
글씨를 볼수록 단아한 듯, 획을 절제한 듯, 그러면서도 아주 단단한 운필이 느껴졌습니다.
하루에 한 번씩 바라보겠습니다.

안동준 님 ●●● tolk
구당 선생의 작품이라도 "앗"하면 손에 넣을 수 있군요^^

tolk ●●● **남궁양 님**
작품을 제대로 시집 보내셨습니다^^

이종건 님 ●●● tolk
제가 교통사고로 병원에 입원해 있을 때. 권우 홍찬유 선생님이 문병 오셔서, 누워 있는
저에게 위로해 주신 말씀입니다.

tolk ●●● **김기서 님**
와! 부러워라.
알아보는 눈 있어 대가의 진품을 얻은 이.
와! 부러워라.
무소유의 기쁨을 구가한 이. ^^♡

강문수 님 ●●● tolk
모든 것에는 임자가 따로 있다.

작은고모

할아버지의 3남 2녀 중 특별히 비상했다는 작은고모[이금순 님].

광복과 육이오 거쳐 사람들 형편이 퍼지기 시작할 때

그 기회 포착해 돈 벌었다네요.

옷을 해 입던 그 시절,

비단을 도매로 떼어다 가가호호 방문해 팔았다는데 …

어찌나 언변이 좋은지,

우리 고모 말 한번 들었다 하면,

안 사고는 못 배겼답니다. ^^

아 … 그 노하우,

살아생전에 전수했더라면 …

왜 하필 비단이었을까?

궁금했더니만 함께 듣던 집안 여동생 왈

"아마 … 고가품에 가벼워 운반하기 쉽고 부가가치는 높아서." ^^

talk ●●● **김성화 님(고종사촌 누나)**
어떻게 그 사연을 기억하는지… 그 옛날 여자는 남아선호 정신으로 아무리 똑똑해도 교육 못 받아 소용이 없었지. 비단 장사를 시작하실 때 돈 계산을 하기 위해서 구구단과 산수셈하기를 내가 가르쳐 드렸던 기억이 나네. 그런데 3일 만에 구구단을 다 외우시고 셈하기도 잘하셨지. 지금 생각하면 나도 엄마 덕택에 서울까지 와서 대학 다니고, 밥 먹고 사는 게 모두 우리 엄마 때문이야. 옛날 생각을 하니 눈시울이 뜨거워지는군.

김명자 님 ●●● talk
당시는 포목 장사가 부로 갈 수 있는 길이었지요. 그 중에도 비단은 고급 옷감, 옷은 물론 이불 등 좋은 용도로 쓰였구요.

talk ●●● **원연희 님**
해방되고 6.25 무렵의 한국 영화나 어린 시절을 돌이켜보면 비단으로 사람들이 한복을 많이 만들어 입은 걸로 압니다. 요즘 깨끼 바느질 한복이 나오기 전까지 유행되었던 천이었으므로 그 시절 수요가 많았겠지요.^^

노연주 님 ●●● talk
예전 우리 동네에 "돼지엄마"라 불리던 보따리 옷장사 아줌마한테도 걸리면 옷 안 사는 사람 없었던 기억이 떠오르네요. ㅎㅎㅎ

talk ●●● **김기서 님**
지금의 반도체 같은 상품. 무엇보다 수요파악을 잘하셨던 듯. ^^

내려와 줘서

논문 심사든 뭐든, 웬만하면 사양하지 않는 나.

요즘엔 특히 그렇습니다. 은퇴 후를 생각해 …^^

엊그제 정부대전청사에 있는 문화재청에서 부르기에 내려갔죠.

과장인 김인규 박사, 두세 번이나 강조하는 말씀.

"여기까지 내려오시게 해서 …"

"여기까지 와 주서서 …"

나로서는 불러 줘서 고맙건만 …

일하는 틈틈이 10년에 걸쳐,

초서로 된 열 권짜리 《묵재일기》 다 번역한 분이

이리 겸손하다니 …

앞으로 무슨 일이든 돕고픈 마음 저절로 충만하였습니다.

talk ●●● **강석우 님**
한 분은 내려와 줘서 고맙다고 하고, 한 분은 불러 줘서 마음속으로 고마워하고, 여유롭고 훈훈한 모습입니다.

·

백은하 님 ●●● talk
모닝톡을 통해 은퇴후룰 생각하시는 교수님의 미래가 멋지시네요~

talk ●●● **남궁양 님**
지적으로 향기가 나는 분입니다.^^

김진영 님 ●●● talk
겸양지덕의 미를 갖추신 훌륭하신 분.

talk ●●● **김기서 님**
높은 자리 교만을 낳고 낮은 마음 감동을 낳다.^^*

문창실 님 ●●● talk
벼가 달리 고개 숙이나요?
속이 차니 수그러드는 거겠죠~^^

봉사 2

아침톡 종이책의 교정지

부길만 교수께 보냈죠.

출판학 권위자이기에 표지 디자인이랑 체재 봐 주길 바라 보낸
것.

며칠 후 만나 건넨 교정지 보고 감동.

본문 교정까지 … 그것도 나보다도 더 깨알같이 …

3년 전, 어느 출판사 30년사 편찬위원으로 만나 가까워진 사이.

나보다 몇 살 연장.

지금 생각하니,

그때 편찬위원 수락했기에 만난 인연.

내 책 내도록 출판사에 추천해 주고

편집 아이디어에 깨알 교정까지 서비스.

역시 모든 봉사는 결국 나 돕기입니다. ^^

tolk ●●● **문창실 님**
참 아름답고 끈끈한 정이 넘치는 관계입니다.^^

이종건 님 ●●● tolk
ㅎㅎㅎ좋은 분이네요. 함께 오래할 분입니다.
이런 분들이 계셔서 행복합니다.

tolk ●●● **권혁래 님**
아멘, 그렇네요. 선이 선을 낳네요 선생님!

이동준 님 ●●● tolk
출호이자 반호이자야(出乎爾者 反乎爾者也), 네게서 나온 것이 네게 돌아간다.
맹자님 말씀이죠.

tolk ●●● **노연주 님**
저 학교 다닐 때 원고지에 써 낸 과제에 빨간펜 교정 깨알같이 해 주셨었는데…
기억 나세요?
온통 다 빨개서 엄청 부끄러웠던 기억이 새록…
그 후 공부하기로 맘 먹고~~ㅎㅎ 감사합니다.

구자천 님 ●●● tolk
봉사도 결국 품앗이??
품앗이~~ 참 좋은 풍습이라 생각하는데~~ 굿럭!!!

여기 태국입니다

원로 국어학자 홍윤표 선생님(연대 명예교수).
엊그제 '하나님'이란 용어의 어원이 무엇인지?
전화로 의견 들었죠.
'하늘'에서 온 것이지, '하나'와는 무관.
'하늘'과 '하나'의 고어 표기 자체가 달랐음
(아래아 위치를 다르게 찍어 구분. 하늘/ᄒᆞ나).
나중에 아래아 표기 안 쓰자
기독교계에서 '하나'라는 의미 덧붙인 것.

전화 끊을 때 인사드렸죠.
"코로나 조심하세요."
그러자 대뜸 하시는 말씀.
"여기 태국입니다. 방콕."

연구만 하시는 줄 알았더니,
유머도 하시는 분. ^^

tolk ●●● **배영동 님**
중요한 발견이시군요. 하나님은 하늘을 절대적인 존재로 숭배하는 말.

원연희 님 ●●● tolk
하느님과 하나님의 차이를 알면서도 애국가 부를 때와 성당에 갔을 때 한 번씩은 되새기게 되더군요. 우리말 잘 사용하기도 늘 정신 차려야 하네요.^^

tolk ●●● **권성로 님**
유머 섞으며 유연하게 살아요.
곧은 나무가 먼저 베어진다잖아요.

문창실 님 ●●● tolk
저도 깜빡 속았네요~^^
무의식적으로 듣고 쓰던 '하나님'…
말씀 듣고 나니 '하나'와 '하늘'은 완전 다른 말이었다는 사실에 정신이 버쩍 듭니다.~^^

사람 좋다고

박사과정 때 함께 공부했던 최상은 교수,

인간성 좋기로 소문났던 그 동학.

국문학계 석학인 지도교수 면담하러 갔더니

무슨 말 끝에 그러시더라죠.

"사람 좋다고 논문도 좋은 것은 아닐세."

엊그제 아카데미 4관왕 봉준호 감독도 비슷한 이야기.

"일단 기본적으로 인간관계가 안 좋아야 해요.

연인, 친구들과 시간 많이 보내는 사람은

덕후가 되기 어려워요."

(덕후 : 한 분야에 열중하는 사람을 뜻하는 일본어 '오타쿠'의 한

국식 표현)

실력과 인간관계는 별개 …

그런데 듣자니 봉 감독은 인간관계도 좋다죠?^^

tolk ●●● **최상은 님**
뼈아프지만 늘 되뇌는 추억을 소환해 주시네요. 논문쓰기도 어렵지만 젤 어려운 게 인간관계더라구요.

남연호 님 ●●● tolk
봉 감독은 선배님과 비슷한 면이 많습니다.
1. 치밀한 완벽주의자
2. 자기 분야를 향한 확고한 신념
3. 끝없는 탐구심
4. 끝없는 공부
5. 풍부한 인맥
6. 고집
7. 순수(진?)
8. 얄팍한 주량
9. 메모광
10. 미모까지…
11. 엉뚱한 상상력
12. 당돌한 질문…ㅋ
13. 돈 안 돼도 밀어 붙이기.
14. 어린이 같은 호기심.

tolk ●●● **배영동 님**
석학의 말씀이 명언이긴 합니다.
그렇다고 사람 좋으면 좋은 연구 못한다는 것도 아닙니다.

가볍게 뜨려고

카자흐스탄에 연구년 가 있을 때 만난 김정복 선생님.

초등학교 교사 명예퇴직하고, 현지인들에게 한국어 가르친 분.

그러면서 친해지면 성경도 가르치던 장로님.

비슷한 시기에 거기 간 사람들,

집이며 땅이며, 현지인 명의 빌려 부동산으로 재미를 본다기에

물었죠.

"장로님은 왜 사지 않으셔요?"

그러자 하는 말.

"여기 있다가, 다른 나라에서 날 필요로 하면 떠나야죠.

여기에 뭘 투자하면 그럴 수 없지 않겠어요?

언제든 가볍게 뜰 수 있어야죠."

그때 한 수 배웠습니다.

아, 가벼워야 뜨기 쉽구나!

저 하늘의 새처럼.

가수 서유석 님 부친의 자녀교육

우리 교회 새벽기도회에 가끔 나오시는 원로가수 서유석 님.

언제인가 차 마시며 들려준 그 아버님의 자녀교육 이야기.

서울고등학교 교장이던 그 아버님.

아들이 공부 않고 노는 애들과 마냥 어울려 지내도

직접 나무라거나 체벌하지 않았다죠.

그 대신,

불러다 앉혀 놓고는,

아들 나이 때, 당신은 어떻게 살았는지,

일제 치하에서 공부하며 독립 위해 활동한 이야기를 …

그 말씀 듣다 보면

자기도 모르는 사이에 반성이 되더라네요.

그 어려운 시절에도 아버지는

그리 치열하게 사셨구나!

그런데 나는 지금 …

이래선 안 되지 …

이래서 정신 차리고 공부해 성대 장학생으로 들어갔다네요.

사랑하는 내 아들들에게, 나도 그리 말할 수 있을까?

그런 자랑거리도 없으면서, 잔소리나 하고 있지는 않은지 …

환승

언젠가 동국대에서 학술발표하고 지하철로 돌아오는 길.
동행인 성결대 김의정 교수와 이야기꽃을 피웠죠.
순창 설공찬전테마관 채울 아이디어가 화제.
내가 가진 아이디어들,
신나게 신나게 풀어놓았죠.
2호선으로 환승하려
을지로3가에서 내리자, 따라서 내리는 김 교수.
나와 같은 방향인가?
"댁이 어딘데 여기서 …?"
"더 가야 하지만
선생님 말씀 더 들으려고요."

원 세상에!
동행한 사람 이야기 다 들어주려
일부러 차에서 내리다니 …
이런 분은 난생 처음입니다.

23년 만에

23년 만에 찾아온 1998년 졸업생들.

연구에만 빠진 나쁜 교수였건만 …

정년퇴직한다고 방문하다니. 고마워라.

대부분 몸은 불었으나, 특징 그대로 지녀,

그때 그 시절로 돌아간 것만 같았습니다.

기자(장윤정), 논술학원 운영(윤명희), 지역사회 활동(박경선),

일찍 결혼한 친구는 큰아이 대학 보냈다는 등

지내온 이야기꽃 한참 피우고, 캠퍼스 둘러보다 놀라는 제자들.

구내까지 들어오는 노선버스, 지하주차장,

개가식 도서관, 메뉴 여럿인 식당, 근사한 카페들과 미용실 …

그때와 확 달라진 환경 부럽다기에 그랬죠.

"정 그러면 다시 다녀."^^

그건 싫다며 하는 말.

"그래도 그때가 좋았어요.

언덕길 오르느라 종아리 굵어지고,

식당 메뉴도 단일했지만 …

대면수업에 동아리 활동 …

종종 캠퍼스 커플도 ….”

학우의 얼굴도 모르는 지금의 학생들 …

23년 후 …

그래도 그때가 좋았다고 말할 수 있을는지 …

문득 짠했습니다.

tolk ●●● **길지연 님**
그 언덕길 기억나네요. ^^

한홍순 님 ●●● tolk
아름다운 그 모습들이 보이는 것 같습니다.^^

tolk ●●● **구영회 님**
지나간 시절은 늘~그리움의 대상일겁니다.
그때는 너무도 힘들었지만
중간중간, 틈새틈새 숨어있는
행복한 기억들이, 과거를 떠받쳐 주고 있는 거겠죠.ㅎ
그 오랜 세월과 시간동안
한 자리에 오로지 자리 지켜주신 교수님 대단하셔요.ㅎㅎ

임치균 님 ●●● tolk
선생에게 가장 큰 기쁨 중 하나! 번듯하게 잘 사는 제자!

tolk ●●● **김성수 님**
백구루의 나무를 심어 한 개의 대들보를 얻는다 했는데 선생님은 많은 동량을 키우셨군요.

어떤 아들

군대 간 아들 전방 안 가도록
마당발 아버지가 손 쓴다고 하자
그 아들이 그랬다네요.

"내가 편한 데 가면
다른 애가 대신 고생할 거잖아요.
그럴 순 없어요."

내 자식 아니지만
기특도 하여라.
세상 자식들이 모두 이러면 좀 좋으랴 …
교회에서 사제로 만난 박연준 님 이야기.

3*three*

안부를 묻고 사는 즐거움 :

사회·문화의 이모저모

소소하고 찬란한 하루

전기가 들어와

"전기가 들어와

세상이 어두워졌다."

이 무슨 말일까요?

얼마 전 작고한 '녹색평론' 발행인 김종철 선생님이 남긴 말씀.

예전에는 먹을 게 있으면 이웃과 나눠 먹던 우리.

냉장고 없어서, 남겨 두면 어차피 상하니까 …

전기 들어와 냉장고 생기면서부터 달라졌다죠.

전기 없어 캄캄해도 환하기만 했던 우리 마음.

전기 들어온 후 사라져 버려 어두워졌다는 말씀.

불과 40~50년 전만 해도, 우리 동네에 생생히 살아 있던 그 인심.

아, 옛날이여!

오래된 우리 미래여!

tolk ●●● **강석우 님**
멋진 역설(paradox)입니다.
"오래된 우리 미래여!"
이 표현도 멋진 역설입니다.

조현숙 님 ●●● tolk
호롱불 밑에서 숙제하다가 이불 다 태웠어요.

tolk ●●● **배영동 님**
"전기가 없으면 사람의 눈이 올빼미눈처럼 밝아질 것"이라는 어느 유치원생의 말이 너무 감동적이었다는 아내의 옛 이야기가 오늘 아침 다시 어록이 됩니다.

남미우 님 ●●● tolk
동네 TV 한 대 전화 한 대 있던 시절이 있었죠. 권투 레스링 보러 다 와서 함께 보던 시절이요. 전화오면 부르러 다니던…

tolk ●●● **장정희 님**
에디슨형, 세상이 왜 이래?

권순궁 님 ●●● tolk
이웃을 배려했던 따뜻했던 마음도 전기가 들어와 냉장고가 작동되면서 함께 '냉동'돼 버렸습니다.

tolk ●●● **강문수 님**
'인간불평등'의 기원은 사적소유의 시작으로부터라는 루소의 말은 진리!
과학의 발달이 인간의 문화와 윤리, 풍속을 어떻게 변화시켰는지 잘 보여주는 김종철 선생님의 혜안!

도둑게

신간 서적 둘러보러 잠깐 들른 교보문고.

어린이 코너에서 어항도 팝니다.

스마일게

등껍질에 웃는 모습이 선명한 게를 팝니다.

국산도 있다는데 우리 이름은 좀 망측.

도둑게

산에 살면서 이따금 민가에 들어와 음식 훔쳐 먹어 붙여진 이름.

한참 설명하던 직원이 하는 말.

"원래는 잡식성이라 아무 거나 잘 먹는데요,

우리집에서 키우는 애들은 고기만 먹어요.

한동안 고기만 먹였더니 이제 채소류는 안 먹어요."

그럼, 며칠 굶겨 버리라고 했더니 웃으며 그럽니다.

"얘들은 한 달간 안 먹어도 살아요."^^

예로부터 게의 별명이 '무장공자(無腸公子: 창자 없는 귀공자)'

...

이제 보니,

속 없이 살면 안 먹어도 버티나 봅니다. ^^

tolk ●●● **조동일 은사님**
천하명문.

강문수 님 ●●● tolk
오늘 이야기는 짧지만 많은 에피소드와 실제 경험이 잘 버무러진 맛있는 소박한 비빔밥 같은 글 ~

tolk ●●● **이정하 님**
ㅎㅎㅎㅎㅎ와 근데 도둑게라는 이름은 처음 들어보네요 신기해용.

정사강 님 ●●● tolk
아항~~ 안 먹고 버티려면 창자가 없어야 겠군요.
창자=속=성질머리?
요즘 다이어트 중인데 귀한 꿀팁 얻어 갑니다. ㅎㅎ

tolk ●●● **장정희 님**
깨달음~~~~ 속 없이 살아봐야겠습니다. ~^^

김정근 님 ●●● tolk
속 없이 살면 안 먹어도 버틴다?ㅎㅎㅎ
스트레스 많은 세상…
속 없이 사는 것이 답일 수도 있겠습니다.^^

tolk ●●● **구자천 님**
속 없으면 살기 편합니다.
내가 집에서 살아남는 법ㅎ

문창실 님 ●●● tolk
안 먹어도 살 수 있다면 얼마나 좋을까요?
그래도 먹으면서 느끼는 행복도 무시할 수 없는 즐거움이지요~^^

내일 신문

60년대 후반,

공부는 딴전이고 온통 만화와 소설에 빠져 지내던 중학 시절.

〈내일신문〉이라는 만화가 있었습니다. 박기당 화백의 글 그림.

내일 발행될 신문을 오늘 받아보는 주인공 이야기.

내일 벌어지고 일어날 사건 사고들.

어디에서 어떤 대형 교통사고가 발생할지 …

화재, 살인 사건과 희생자 이름 …

각종 선거의 당선자가 누구인지도 …

당첨 복권의 번호도 …

만화 주인공은 어린이.

부지런히 뛰어다니며, 사고 나지 않도록 …

희생자 안 생기도록 힘씁니다.

참 재미있던 만화.

이런 신문 정말 있다면 얼마나 좋을까요?

궁금하기만 한 내일.

tolk ●●● **한성수 님**
"동심의 세계는 모든 어른들의 마음의 고향입니다" 어느 정기 발행물에서 읽었던 글이 떠오릅니다.

한미숙 님 ●●● tolk
기대와 조바심으로 바빴을 것 같네요.

tolk ●●● **이수진 님**
오~. 지금 들어도 재미있네요. 아이들이 푹 빠져있는 스파이더맨만큼. ㅎㅎㅎ.

이성모 님 ●●● tolk
만화 생각하니 박기당 화백도 생각이 납니다.
그 시절 참 행복했던 것 같습니다.

tolk ●●● **김만호 님**
ㅎㅎㅎ~
재밌네.
내일신문 창간해야지.^^

tolk ●●● **김정훈 님**
저도 재미있게 봤던 기억이 납니다. 생각해 보면 60-70년대 만화가 다양한 상상력, 풍부한 지식, 말랑말랑한 감성 등으로 꽤 인기가 있었지요. 저도 해외 고전작품을 최초로 접한 게 만화였습니다.

구자천 님 ●●● tolk
내일을 미리 안다? 아마도 세상은 카오스 ~~ 아수라. ㅠㅠ

함흥?

주말 ⋯ 기차 타러 가는 길에 다시 들른 용산역 어묵집.

"어묵 하나 주세요."

그러자 용케 알아보고 반기는 아주머니.

"또 왔습니다. 함열 가려고요."

"함흥?"

마스크 쓰고 하는 말이라 잘 안 들렸던 듯. ㅎㅎㅎ

"아뇨. 함흥은 북한.

함열입니다."

기차 타고 가며 생각했습니다.

정말 내 생전에 함흥 가는 기차 타는 날 왔으면 ⋯

"함열?"

"아뇨. 함열은 남녘.

함흥입니다."

이렇게 말할 날 꼭 왔으면 ⋯^^

tolk ●●● **정종기 님**

<간첩 리철진>이라는 영화에 보면 리철진이 술김에 택시를 타서는 평양에 가자고 하지요. 택시 기사는 황당하다는 눈길로 돌아보며 "양평아니오? 양평…." 하는데, 웃을 수만은 없더군요. 외세에 의해 한반도가 강제로 분단된 채 70년을 넘겼다는 건 역사적 수치가 아닐 수 없습니다.

강문수 님 ●●● tolk

통일이 되면 어딜 가고 싶니?
국제문학회에서 오솔 샘께서 하신 질문.
백두산, 압록강, 금강산 등등
선배님들의 많은 대답이 있었죠.
문수는? 느닷없는 샘의 질문에 얼떨결에 대답했죠.
'황해도 신천(信川)이요.'
의아해하는 눈빛들~
머쓱해서 '제 본관에 한번 가 보고 싶어서요' 하고 보충 대답했었죠.

tolk ●●● **이주훈 님**

평양에 한원포럼 건축사 사무소 개설할 날이 왔으면 참 좋겠네요.
우리 모두의 소망이겠지요^^

임치균 님 ●●● tolk

아무리 힘들어도 우리는 하나가 되어야 합니다.
정말 오고 가는 문제라도 먼저 해결되었으면….

tolk ●●● **정사강 님**

교수님, 소원이 자꾸 늘어나시네요. ㅎ 저는 우리나라에서 시베리아까지 열차타고 가고 싶어요. 하얗게 눈 덮인 벌판을 달려서 자작나무 숲을 구경하고 싶어요. 사는 날 동안에 이런 날이 꼭 왔으면…^^

콩 심은 데

컴퓨터 입력하다 생기는 오류
엉뚱한 글자 찍히기 …
아니 왜 그런 거야? 짜증나 …

그러다 가만히 생각해 보면 내 탓
내가 자판 잘못 누른 것
콩 심은 데 콩 나듯

ㄱ 친 데 ㄱ 뜬 것 …

tolk ●●● **정우인 님**
같은 패턴이면 '자동고침'을 사용하면 제대로 입력하도록 도와주죠.^_^
이를 이용해서 이름을 치면 자동으로 한자로 입력되게 할 수도 있습니다.

강석우 님 ●●● tolk
콩 심은 데 콩나는 것!
단순하고 심오하고 무서운 진리!
하지만 어리석은 나는 알면서도 그릇된 길을 가네!

tolk ●●● **원연희 님**
내 탓이오를 잊지 않으면 분쟁도 없겠죠^ ^^

김창진 님 ●●● tolk
ㅎㅎ 기계는 정직하군요. 섭리도 그러겠죠?

tolk ●●● **서화종 님**
어제 콩심은 데 콩 나고 팥심은 데 팥 난다는 격언 써 먹었어요^
제 직원이 갑자기 칼라복사 키를 눌렀는데 계속 흑백으로 출력된다고…
하여, 제가 교수님한테 배운 대로 이야기했더니 한바탕 웃었습니다.^^^

꼬리명주나비

멸종우려종인 꼬리명주나비.

수원시에서 생태정원 조성해, 한데 모아 보호하려 계획 중.

문화재 구역 안에 가설물 만드는 일이라,

엊그제 한참 논의하다가 나온 질문.

"나비를 무슨 수로 모으죠?

집만 지어 놓으면 저절로 모여드나요?"

모두가 궁금했으나 답은 간단.

오로지 한 가지 식물만 먹고 산다네요.

쥐방울덩굴!

이것 있는 곳에서만 사는 이놈들 …

놀부 제비 몰러 나가듯 하지 않아도 된다는 것.

후유~~^^

tolk ●●● **유영대 님**
아, 그렇구나!
함평나비축제도 그렇게 나비를 끌어모아 사람들에게 보여주는구나.

송찬구 님 ●●● tolk
함양 나비축제할 때 중2학년 함양 학생에게 물으니 '나비 군수가 축제한다고 다 수입해
왔어요'···. 해서 한참 웃었던 기억···ㅎ

tolk ●●● **권성로 님**
한 가지 음식만 먹고도 평생을 살고 한 사람만 사랑해도 인생 종착역까지 가는데···

김미향 님 ●●● tolk
인간도 한가지 음식만 먹고 산다면 음식쓰레기는 없을텐데~~

지영이네

무창포 해변 횟집 '지영이네'

주말, 친척 개업식에 갔다가 회덮밥 먹은 집.

"지영이는 누구죠?"

"딸입니다. 개업할 때 애기…

그때는 지영이란 이름이 인기였죠."

가만히 생각하니, <80년생 김지영>도 있습니다. ^^

"그래서인지 이름이 지영이인 손님이 많이 와요.

지영이 아빠도 오고 …"

그 말 들은, 함께 간 지인의 아이디어.

"그럼, 그런 손님은 할인해 주거나 해물 더 주세요."

정말 굿 아이디어라며 활짝 웃는 주인 아저씨.

다음날 아침에 다시 들러 백반 시키자,

바지락 아주 듬뿍. 정겨운 지영이네횟집. ^^

tolk ●●● **김정한 님**
순수와 정이 가득 있는 '지영이네' 집 음식은 영양도 담뿍 담겨 있을 것 같아요.

김기창 님 ●●● tolk
덕분에 '여자 이름' 인기 순위를 알아보았네요. 1978년에는 '지영'이, 2005년부터 몇 년 동안은 '서연'이, 2020년은 '서아'가 1위였다고 합니다.

tolk ●●● **이동준 님**
우리 며느리 함께 가야겠네요~ 애명은 아가사, 본명은 문지영

권미경 님 ●●● tolk
맞아요!!! 제주변에 여자 남자 이름 할거 없이 지영이 이름 많아요!!(86년생 증언)
무창포에 가면 지영이네!! 메모하겠습니다!

tolk ●●● **최지영 님**
나중에 저도 가봐야겠어요~ "지영이"는 할인해 주는 거죠?^^

강석우 님 ●●● tolk
윤제림 시인의 <재춘이 엄마>라는 시가 생각납니다. 거기에서도 식당이름이 "재춘이네"입니다.
자식 이름으로 식당이름을 짓는 마음!

tolk ●●● **조현숙 님**
사람 이름도 유행 따라 짓고 70년대말인가 한때 영어로 이름 짓는 것이 유행했는데 아이 이름을 해피happy라고 지었죠. 어느 날 아이 이름을 해피라고 큰소리로 부르니 옆집개가 달려왔다는 이야기가 있었어요. 사람의 이름 잘 지어야죠.

좋은 예배

13세기 아랍 페르시아어문학 작품의 한 대목.

어떤 폭군이 은자한테 물었다.

"어떻게 드리는 게 좋은 예배?"

"폐하께서 반나절이라도 주무시는 것."

"어째서?"

"그 반나절만이라도 백성이 해 입지 않기 때문."^^

깨어 있을 때보다 잠자는 게 나은 사람!

몹쓸 사람을 이다지도 적실하게 표현하다니…

— 유튜브 조동일문화대학 이슬람문명강의 참고 —

tolk ●●● **김영수 님**
나도 그런 경험이 있음! 주사가 심한 분과 술 마실 때 왕창왕창 권해 잠 재우기 !!
그런데 문제는 정작 본인은 자신이 주사가 심하다는 사실을 모른다는 거!

강문수 님 ●●● tolk
폭군에게 직언하는 용기야말로 목숨 건 예배에 준한다 생각되는군요.

tolk ●●● **권성로 님**
참말로 되돌아 볼 일입니다.
내가 있으므로 구성원이 진정 행복한지.
내가 있으나마한지.
내가 절대로 있어서는 안 되는 자인지…

하순철 님 ●●● tolk
어쩌면 통치자가 없는 사회가 이상사회가 아닌가 싶네요.

tolk ●●● **임치균 님**
가끔은 학생들도 선생님이 반나절이라도 주무시기를 바랄까?

이수진 님 ●●● tolk
깨어 있을 때보다 잠자는 게 나은 사람…!
우리 애들도 잠잘 때 가장 이쁜데……ㅋㅋㅋㅋ
육아가 힘들어서 헛소리 해봅니다.

tolk ●●● **강석우 님**
폭군과 우민은 형제!
어리석은 백성이 폭군을 부른다!
한 나라 정치 지도자의 수준이 그 나라 국민의 수준!

게으른 사람

"낙천적인 사람.

그렇잖은 사람이 보면, 게으르게 보여요."

세바시 강연에서 아주대 심리학과 김경일 교수가 한 말.

그간 게으르다고 여긴 사람들.

다르게 불러야겠습니다.

'낙천적인 사람'

'만족하기 쉬운 사람'

반대로,

유난히 바지런한 사람도 이제부터는 이렇게 의심할 일.

'낙천적이지 못한 사람?'

'만족하기 어려운 사람?'^^

talk ●●● **정종기 님**
다 필요한 사람들. 낙천적인 사람은 비행기를 만들고 걱정이 많은 사람은 낙하산을 만든다고 하더군요.

하순철 님 ●●● talk
보는 각도에 의해 사람을 다시 보게 만드는 말씀이네요.

talk ●●● **김상한 님**
나는 낙천적이고 만족하기 쉬운 사람입니다.

이수진 님 ●●● talk
그러면. 저는 겉으로는 낙천적인 사람. 속은 만족하기 어려워서 바글바글 끓는 사람. ㅋㅋㅋ. 이중인격입니다…

talk ●●● **강문수 님**
군대에서 신병오면 고참이 장난으로 질문합니다.
"아무개 이병 애인 있습니까?"
"네, 있습니다!"
"여자 뒤꽁무니만 쫓아다녔군"
며칠 뒤 또 다른 신병이 오면, 어김없이 똑 같은 질문이 던져집니다.
"네 없습니다!"
"자넨 여태껏 뭐하고 살았냐?"
뭐라 대답해도 욕먹게 정해진, 악의적 질문입니다

관점이 달라지면, 애정어린 눈으로 바라보면, 180° 달라지죠.
애인이 있다고? 능력 있네~
없어? 이렇게 잘 생긴 사람이 뜻밖이군.

70년 만에

"〈백경〉 작가 허먼 멜빌…
70년 후에야 평가 받았어요."

미국 소설문학 온라인 강의 중인 로쟈 이현우 선생이 한 말.
핏제랄드의 〈위대한 갯츠비〉도 한참 후 진중문고에 선정되고
나서야 …

우리가 쓰는 글, 하는 말과 일에 대한 평가.
당장의 반응으로 일희일비 말아야 할 일.
느긋하게, 무소의 뿔처럼. ^^

tolk ●●● **권순긍 님**
맞습니다. 선생님이 발굴해서 소개한 <설공찬전>도
한참 지나서 중등 교재에도 실리고 일반에게 알려졌지요.
그거 하나로도 국문학계에 큰 업적을 남기셨어요.

이부자 님 ●●● tolk
이런 이야기가 때론 힘이 됩니다.

tolk ●●● **이수진 님**
아. 제가 좋아하는 말. 무소의 뿔처럼..!
좋은 말로 잘 시작할게요~^^

권성로 님 ●●● tolk
생전의 주관적 평가보다 사후에 객관적 평가가 더 가치 있는 일.

tolk ●●● **권혁래 님**
<백경> 시작 부분에 옛날기억 묘사장면 무척 지루했던 기억납니다. 처음부터 평판 높
았던 작품이 아니었군요. 죽은 뒤 받는 칭찬… 인간만이 누리는 영예지요!

김창진 님 ●●● tolk
반대로 시간이 지나면 묻혀버리는 작품, 작가들도 많고요. 생전에 빛 보고 사후 잊히는
작가와 생전 빛 못 보고 사후 빛 보는 작가 중 어느 쪽이 되고 싶으신가요?

tolk ●●● **강석우 님**
빈곤과 싸우며 평생을 창작에 매달려 작품을 써도 빛을 못 보고 죽거나, 책이 팔려도 인
세를 떼이는 경우도 많고… 든든한 후원자가 있지 않으면 항상 가난에 허덕였답니다.

0.4퍼센트

페이스북 글에 좋아요나 댓글 다는 평균 비율
0.4퍼센트
겨우 이렇다네요.
이 사실 알고 생각 바꿨죠.
내 글에 반응하는 분 … 감지덕지해야 할 분.
아주 큰 맘 먹지 않고는 어려운 서비스.

"사람이 온다는 건 /
실은 어마어마한 일이다.
/ 그는 그의 과거와 / 현재와 / 그리고 /
그의 미래와 함께 오기 때문이다. /
한 사람의 일생이 오기 때문이다."

정현종 선생 〈방문객〉 시에서 말했듯 …
어마어마한 정성, 환대.

talk ●●● **권순긍 님**
고 김시천 시인의 <안부>로 답장 드립니다.

"때로는 안부를 묻고 산다는 게 / 얼마나 다행스런 일인지
안부를 물어오는 사람이 어딘가 있다는 게 / 얼마나 다행스런 일인지
그럴 사람이 있다는 게 / 얼마나 다행스런 일인지

나는 오늘 내가 아는 사람들의 안부를 / 일일이 묻고 싶다."

오권웅 님 ●●● talk
정성과 열성이 없으면 할 수 없는 일을 자네는 하고 있네~~
아무나 할 수 있는 일이 아니네~~
하여튼 자네는 대단한 친구일세

talk ●●● **김진영 님**
교수님께서 매일 보내주시는 정성과 열정이야말로 정말 고맙고 감사한 일이죠. 고맙습
니다.

김상한 님 ●●● talk
글쓴 정성에 견준다면 댓글은 정말 작은 정성일 텐데 막상 쓰려고 하면 걸맞은 문장이
떠오르지 않아 포기하기가 일쑤입니다. 마음으로는 매번 댓글 답니다.

talk ●●● **권대광 님**
저야말로 늘 선생님 글로 위로 받고 환대 받습니다.

로쟈 이현우 님 ●●● talk
<방문객>은 방문객들 부담스럽게 만드는 시에요.^~;

talk ●●● **강문수 님**
예전엔 직접 찾아가야 만남이 이루어졌는데, 클릭 한 방이면 만나는 세상에 댓글 0.4%
는 놀라운 일이네요.

에콰도르 킬로토아호수

세계테마기행 보다 깜짝 놀랐습니다.

완연한 백두산 천지 …

그러나 아니었습니다.

중남미 에콰도르의 킬로토아호수.

분화구에 물이 고여 만들어진 호수.

황산이 녹아 있어 그 물 아픈 데 바르면 낫는다며

아픈 머리에 경건히 찍어 바르는 여성 가이드.

다 바른 다음에는 정중히 합장 감사 기도합니다.

우리만 천지를 신성시하는 게 아니었습니다.

천지는 한국판 킬로토아호수

킬로토아는 에콰도르판 천지.

대등하여라.

talk ●●● **조동일 은사님**
좋아요.

이헌홍 님 ●●● talk
중국 서부 이슬람 지역의 우루무치에는 백두산 '천지'와 이름도 같고 유사한 풍광의 분화구 호수가 있습니다. 2003년경 2주 일정의 실크로드 여행 기억에서.

talk ●●● **김선균 님**
저도 봤는데 천지인 줄로 착각했습니다. 크기는 백두산이 더 커보였는데 킬로토아호수도 백두산처럼 많은 전설이나 이야기들이 있을 것 같습니다.

배영동 님 ●●● talk
거대한 자연의 신비가 자연신앙을 만들었겠죠. 고대로 올라갈수록 더 뚜렷했겠죠.
눈에 보이지 않는 원인으로 생긴 질병으로 인해 수많은 사람들이 죽어갈 때,
눈에 잘 보이는 웅혼하고 신이한 존재에 기대고 싶어질 겁니다.

talk ●●● **원연희 님**
백두산 천지에 저도 갔었는데 신비롭기까지 하더군요. 장백산에서는 물을 생수병에 담아오기도 했습니다. 한라산도 훌륭하지만 백두산 천지는 우리 민족의 성지가 맞습니다.^^

최내경 님 ●●● talk
이전에 이 호수 다녀오신 분이 도저히 사진으로는 그 색채와 아름다움을 잠을 수 없었다고 가보라고 했던 기억이 납니다. 직접 가보고 싶습니다.

운동

동네 산책로에 설치된 운동기구들.
아침마다 이것저것 잠깐씩 이용합니다.
붙어 있는 안내문 가운데 하나.

청소년 : 좌우 각 2번(1회마다 10회)
중노년층 : 좌우 각 2번(1회마다 4-8회)

운동 좋다고 지나치게 하지 말라는 것.
특히 중노년층은 적게 …

불현듯 떠오르는 옛날 일.
허리 아프다는 노인께 운동법 알려드렸었죠.
무릎 세운 채 누웠다가 일어나며 무릎에 머리 대기 …
며칠 후 뵀었더니, 낫기는커녕 악화했다더군요.
얼른 나으려는 욕심에 한꺼번에 너무 많이 해서 그만 …

tolk ●●● **강석우 님**
마음은 지리산, 설악산, 한라산을 가라 하고,
무릎은, 허리는, 심장은 그리 하지 마라 말리고,
마음과 몸의 슬픈 괴리!
60을 넘기며 더욱 절감하는 일입니다.

김남태 님 ●●● tolk
유엔에서 우리들 나이는 중년으로 친다는군요?
그래도 조심조심 해야죠.^♡^

tolk ●●● **김기서 님**
요통 처방법도 지나치면 독약일세. ^^

길지연 님 ●●● tolk
네. 60 넘으면 노인이니 온동도 천천히 걷기가 최고래요.

tolk ●●● **이수진 님**
ㅋㅋ 저는 여즘 링피트라는 게임으로 운동을 하는데요.
아들이랑 남편이랑 셋이 경쟁이 붙어서 요새 온몸이 말이 아니에요. ㅋㅋㅋ

로쟈 이현우 님 ●●● tolk
무슨 일이든 적당하게.

게거품

"갑자기 환경이 바뀌거나 위험에 처했을 때,

게가 입에서 뽀글뽀글 거품을 뿜어내는 것."

'게거품'의 정의입니다.

도둑게 키우는 아가씨 말에 따르면 열받으면 그런다네요.

"이따금 햇빛 쪼여 주는데, 깜빡 잊고 오래 두면,

열받아서 게거품을 물어요."

등딱지의 색깔이 검게 변하면서 거품을 뿜는다는 것.

창자 없는 귀공자님도 열받으면 회까닥한다는 말씀.^^

tolk ●●● **길지연 님**
게거품을 물다가 빈 말이 아니군요^^

강석우 님 ●●● tolk
"화가 나서 게거품을 뿜고 말한다"는 표현이 이해됩니다. 우리말에 재미있는 표현이 많은 것 같습니다. "어처구니가 없다. 이판사판, 씨도둑 등등…"

tolk ●●● **한미숙 님**
말 못해도 자기 살길은 다 방법이 있네요~

정종기 님 ●●● tolk
이걸 '개거품'이라고 잘못 쓰는 사람들이 요즘 많습니다.

tolk ●●● **권순궁 님**
무장공자 (無腸公子) 도 열받으면 거품을 뿜는다니 재미있네요. 신재효본 <퇴별가>에서도 세도가의 자제인 간의대부 물치가 "표기장군 벌덕게가 의갑이 굳세옵고 열 발을 다 갖추어 진퇴를 다 하옵고, 제 고향이 육지오니 조서 주어 보내소서."하니, 게가 분이 잔뜩 나서 거품을 흘리면서 문관들을 질타하는 대목이 등장합니다. 선생님 말씀과 비슷하네요.

강문수 님 ●●● tolk
오늘 '도둑게 2' 정말 재미있습니다!
문장으로는 '도둑게 1'이라면 문장+재미는 '도둑게 2'입니다.
'뽀글뽀글, 헤까닥' 같은 말의 감칠맛이 살아있네요.
게다가 도둑게 판매하는(?) 아가씨의 천연덕스러운 비과학적 게거품의 정의는 압권입니다.

tolk ●●● **김혜연 님**
사람이나 동물이나 열 받게 하면 안 되죠!

점집 태극기

태풍 마이삭 지나가던 날,
아현시장 옆 점집 지붕
깃대에 위아래로 매달려,
나부끼는 깃발 셋.

태극기
붉은 깃발
만자(卍字) 깃발

점쟁이(무당)도 나라 걱정부터 하고 있을 줄이야 …

tolk ●●● **조동일 은사님**
좋아요.

권대광 님 ●●● tolk
자꾸 읽다 보니 시 같습니다. 자꾸 웃게 됩니다. 매스컴을 보니 걱정되기는 합니다.

tolk ●●● **김남기 님**
선생님의 시각은 참 훌륭하십니다. 그곳에서 나라 걱정하는 점쟁이(무당)의 마음을 읽으시다니요.

문창실 님 ●●● tolk
내가 있어야 나라가 있고 또 나라가 있어야 내가 있을 수 있다는 걸 그 양반도 잘 알고있는 거겠죠~^^

tolk ●●● **강문수 님**
어느 무식한 무당, 나치 하이켄크로츠 문양 내걸었다죠.
깃대는 인간과 신의 연결통로.
깃발 세 개 내건 건 그 통로가 세 개인 만사형통의 길인 셈이네요.
두루 통하는~

남연호 님 ●●● tolk
제 기억으로는 50년대 대한승공경신연합회(?) 시절부터 무속계가 반공을 표방하면서 태극기를 달았다고 알고 있습니다.

tolk ●●● **우영진 님**
종교는 달라도 간절히 원함은 같은 것이지요 ^^

삼형제

아들 셋 키우는 민속원 홍종화 대표의 말씀.

"장남은 사랑 독차지하다, 동생 태어나면 위기 느껴 주목받으려 공부에 전념해요.

둘째는 형한테는 고분고분, 막내 갈궈요.

막내는 수 틀렸다 하면 울어요. 그러면 부모가 편들어 준다는 걸 알아서 …"

다 맞는 말은 아니겠으나 그럴 법합니다.

혁명가는 대부분 차남 가운데 나온다죠?

장남은 집안 돌볼 책임 때문에 그러기 어렵대요.

형제자매 심리학 … 연구할 만한 주제입니다.

tolk ●●● **노연주 님**
재밌네요
같은 부모 밑에 똑같이 먹고 컸는데도 너무 다른 걸 보면 오묘해요 ㅎㅎ

김창진 님 ●●● tolk
저는 장남인데 보수적이 됩니다.

tolk ●●● **이상협 님**
명리학에 장남의 특성도 있답니다. 책임감이 강하고 자존지능 경쟁지능(뚝심)이 강하고
모든일을 웬만하면 타인에게 의지를 안하고 스스로 해결하려는 성정이지요.
장녀도 마찬가지 입니다.

백은하 님 ●●● tolk
ㅋㅋㅋ 아들 셋을 둔 엄마들은 도를 닦으면 살아야 한다네요. ㅠㅠ
제 주변에 아들 넷둔 엄마는 기도하며 살고 있다 해요.

tolk ●●● **한미숙 님**
둘째가 이리저리 치어서 성격은 좋대요. 집안 분위기에 따라 달라지는 것 같아요. 저는
3남 1녀 중 순서는 두번째.

이수자 님 ●●● tolk
네, 저도 좋은 주제라 생각합니다.
미국 역대 대통령을 분석해보면 대도시보다는 중소도시 출신이 많고, 장남보다는 막내
가 많다는 것 같습니다.

tolk ●●● **민현식 님**
형제 심리학 일리 있네요. 난 막내라 어떤지… ㅋ

강의 준비 2

강의 준비하는 심정을 음식 준비하는 주부와 비교한 내 아침톡.
강의나 음식이나 준비하는 즐거움은 같으리란 것.
하지만 여성 분들의 예상 못한 댓글.

"아니요! 메뉴 바꿔가며 평생 음식한다는 건 스트레스입니다
~~~"

"음식 만드는 주부는 즐겁지 않답니다.
식재료 값 폭등, 씻고 요리하는 분주함, 설거지 거리 …
밑반찬만으로 간단히 먹으면 좋아요!"

내 말에 동의한 분도 아주 더러 있었으나,
음식 만들기 고달프다는 반응들.
함부로 말하면 안 되겠습니다. ^^

tolk ●●● **강석우 님**
제 처도 제가 밖에서 밥 먹고 들어간다고 하면 좋아합니다. 그래서 가급적이면 8시 넘어
퇴근할 땐 회사에서 저녁을 해결하고 집에 들어갑니다.

이수진 님 ●●● tolk
진짜 힘들어요. ㅋㅋㅋ. 거기에 맛있게 안 먹어주면.. 숟가락 던지고 싶………

tolk ●●● **김별선 님**
참고로 목사들이 설교준비하면서 밥짓는 거에 비교하시는 거 정작 밥하시는 분들이 들으
면 자동 콧방귀. 밥 안해보신 분들이 밥하는 거에 비유할 때는 더욱 ㅋㅋㅋㅋ

김의정 님 ●●● tolk
여자들끼리 만나면 아줌마가 젤~ 좋아하는 요리는?
정답: 남이 해준 차려준 밥.

tolk ●●● **전무용 님**
그래도 음식만들기보다 값진 일이 어디 있겠습니까?
생명을 살리는 일인데요. 한끼만 굶어 봐도 음식의 값을 다시 알 수 있지요.
음식 만들기보다 더 값진 일 찾을 수 있을까요? ㅎ

안상숙 님 ●●● tolk
ㅎㅎ
강의를 고달프게 하는 사람도 있고 즐겁게 하는 사람도 있고 음식 준비도 마찬가지
겠죠…
저는 교수님 제자답게 강의 준비하며 여전히 설렙니다.
다행이죠?

tolk ●●● **이영순 님**
내 새끼 입에 들어가는 음식은 아무리 몸이 하기 싫어도 앞치마만 따악 두르면~ 희한하
게 힘들지 않아요.

톨스토이의 열등감

대문호 톨스토이에게도 열등감이 있었답니다.

외모 컴플렉스

못 생긴 외모 때문에 결혼도 34세 되어서야 했다죠.

16세 연하 소피야 베르스와 결혼했으나

검은 머리 파뿌리 되도록 싸우며 살았답니다.

살면서 아내한테 물어보던 말 한마디.

"당신, 나를 진정으로 사랑하오?"

어떤 여자도 자기를 진짜 사랑하지는 않을 거라 생각한 톨스토이.

"외모와 덕성은 겸비할 수 없다."

이런 편견 아래, 잘 생긴 인물은 덕성은 모자라게 그렸다네요
글쎄.

우리 〈춘향전〉과는 좀 다르죠. 박색이었다는 실존 인물 춘향이,

그 한 풀어주려, 판소리에서 바꿔 불렀다는 설이 있죠.

미모에 덕성까지 갖춘 절세가인 열녀 춘향이로. ^^

tolk ●●● **강석우 님**

"외모와 덕성은 겸비할 수 없다" 이 또한 요즘은 다른 이야기!

"외모가 좋은 사람이 성격도 좋다"

강문수 님 ●●● tolk

톨스토이에 대한 편견이 심한 우리나라.

일부 작품만 보고 톨스토이는 기독교 성자라고 알고 있지만 정교에서 파문당했죠.

결혼 전 농노 아낙과의 사이에서 아들도 있었던 톨스토이 10대 아내와 결혼하며 부부 간 비밀이 없어야 한다며 모든 걸 까발리는 일기를 보여주었다죠. 그 아들은 집안에 두고 마부로 삼았다네요.

그런 모순된 인간이기에, 인간의 내면이 최대한 확장된 소설을 쓴 것일 수도. 깊은 고민의 기록.

'이반 일리치의 죽음'으로 대표되는 죽음에 대한 깊은 성찰은 정말 탄복할 수밖에~

tolk ●●● **박미례 님**

외모 컴플렉스 때문에 할 수 있는 게 공부밖에 없었다는 어느 판사님도 있어요.

김기서 님 ●●● tolk

영화촬영 동시녹음 시대가 시작되자 서서히 은막에서 사라져간 왕년의 스타들. 그 이유는 목소리가 외모를 뒷받침해주지 못했기 때문이라나. TV 속 미인보다 더 아름답게 여겨졌던 그 옛날 라디오 드라마 속의 여주인공. 최고의 아름다움은 내 마음속에서 창출된다죠.

tolk ●●● **구자천 님**

난 참 행운아네여~~

어려서부터 생존하기 바빠서 열등감을 느낄 시간이 없었어여 ㅜㅜ

역시 인생은 잃는 게 있으면 얻는 것도 있어서 어느 정도 공평?? ㅎㅎ

이수자 님 ●●● tolk

이 세상에 열등감 한 가지라도 안 가진 사람은 없는 듯한데, 대문호 톨스토이 역시 그랬네요…

전쟁과 평화

톨스토이의 〈전쟁과 평화〉 읽다가 알았지요.

원작 곳곳에 프랑스어가 나온다는 사실.

실제로 당시에 왕실을 비롯 귀족들.

프랑스문화 숭상해 프랑스어를 즐겨 썼기에 실감나게 하려 그랬다네요(우리말 번역본에서, 프랑스어 부분은 진한 글자로 표시).

나폴레옹 숭배자도 많았으나 결국

나폴레옹 군대가 러시아 깊숙이 모스크바까지 침공해 들어오고 …

그때 귀족들이 다급히 외쳤다죠.

"프랑스가 쳐들어 왔다!"

유창한 프랑스말로 …^^

광복 무렵 떠돌았다는 유어비어가 문득 떠올랐습니다.

"일본 일어선다. 미국 믿지 마라. 쏘련에 속지 마라 …"

tolk ••• **강석우 님**
프랑스어가 유럽의 귀족언어로 사용될 당시 프랑스 사람들이 유럽 각지에서 귀족자녀
들의 가정교사를 했답니다. 그러한 역사가 있기에 영어가 국제어가 됐어도 프랑스는 자
국어를 고집했던 거죠. 그러나 지금은 프랑스도 공용어로 영어를 씁니다.

김창진 님 ••• tolk
한국어는 한번도 그런 대접을 못 받다가 근래 한류 덕에 외국인들이 배워서 쓰기 시작
하네요. 역사상 처음으로.

tolk ••• **차성만 님**
프랑스 문화는 애용해도, 러시아 정신은 확고했다.
외래문화는 활용해도, 제 정신은 차리기를 ….

정사강 님 ••• tolk
어쩜 유어비어까지 우리말의 속성을 잘 이용해 만들었을까요!?
귀에 쏙 들어왔을 듯해요.

tolk ••• **하순철 님**
결국 믿을 것은 자신의 힘뿐이네요.

배영동 님 ••• tolk
가랑비에 옷 젖듯이 외국문물 받아들여서 결국은 그 외국에 침탈되는 수가 있다는
교훈.

개명

이름이 마음에 안 들어 개명(改名)하는 분들.
대부분 전혀 다르게 지어 기억하기 어렵습니다.
오랜 만에 만난 제자의 경우는 참 바람직합니다.

"영자"를 "연주"로…

예전 이름의 초성과 같게 개명.
기억하기 좋으면서도 세련미 느껴지는 새 이름.
참 성공적인 개명입니다.

tolk ●●● **강석우 님**
주변에 개명한 사람 많았죠.
김연자 → 김연주
양홍련 → 양현석
김점보 → 김세헌

윤금자 님 ●●● tolk
저도 이름에 콤플렉스가 있어서 개명하고 싶었는데, 나름 제 이름에 좋은 뜻을 부가
해서 만족하며 살고 있습니다.
그래도 문화센터에서 가끔 연세많으신 어르신들 이름과 똑같이 불릴 때는 좀 부끄럽
더라구요ㅎㅎㅎ

tolk ●●● **김선균 님**
큰 처형의 원래 이름은 "영자"였습니다. 70년대에 영화 "영자의 전성시대" 등 호스티스
영화가 유행하면서 "영자"라는 이름으로 놀림을 많이 받게 되니 한참이 지나서야 겨우
"숙자"로 개명했지요.
그 후 2000년대에 접어들면서 IMF로 길바닥에서 노숙하는 사람들이 많이 생겼지요.
그런데 큰처형은 이름을 또 바꿔야했습니다.
성이 노씨여서 이름이 "노숙자"였거든요.^^
그래서 다시 바꾼 이름이 "영미"입니다.
그런데 공교롭게도 2018 평창동계올림픽에서 첫선을 보였던 인기 종목 여자 컬링의
국가대표 김영미 선수의 이름을 경기 중에 "영미, 영미"하고 빠르게 부르는 게 유행이 된
적이 있었죠. 당시 73세의 나이에 TV를 보는데 손자손녀들이 "영미 영미…"하고 마구
떠들어댔다지요.^^ ㅋㅋㅋ
다행히 좋은 뜻으로 불러주는 이름이니 이젠 바꾸지 않고 그대로 쓰고 있답니다. 노영미^^

정사강 님 ●●● tolk
저도 성공적인 개명… 바꾼 후, 더 잘 기억해 줍니다.
예전 이름(미자)과 전혀 다름에도요. ㅋㅎ

차표 검사

순창 이서영 작가의 〈다시 쓰는 설공찬전〉.

출판기념 축사하러 정읍행 무궁화호 열차를 탔죠.

좌석 놔 두고 툭 터진 입석실에 앉아 있으니 차표 검사합니다.

어떤 아주머니는 두 번째 받는다며 투덜투덜.

요즘 세상에 누가 무임승차한다고 검사하러 다니느냐며 …

깜빡해 두 번 검사했노라 사과한 검표원이 덧붙인 말.

내 오해도 풀어준 한마디.

"무임승차 방지 목적만은 아니에요.

잘못 승차한 사람 있을까 봐서 그래요.

엉뚱한 차 타고 종착역까지 그냥 가는 경우 종종 있거든요."

아…우리 인생길도 이렇게 중간에, 제대로 가고 있는지

점검해 주는 분 있으면 좀 좋을까.

좀 좋을까.

잘못된 인생 계속 가지 않도록.

tolk ●●● **구자천 님**
때론 잘못 타서 전화위복~~ 자살하려 떠난 사람이 차를 잘못타서 돌아왔다네여~~
ㅎㅎ 후에 크게 성공했다는 ~~ 인생 참 묘한 거지요~~^^

백훈 님 ●●● tolk
잘 나가다 삼천포로 빠진다는 말이 있지요? 어린 시절, 내 고향 부산에 가노라면 항상
삼랑진에서 기차를 갈아타야 했어요. 그때 부산행으로 갈아타지 못하고 삼천포행으로
갈아탄 뒤에 '에고 에고' 하던 사람들…

tolk ●●● **강문수 님**
1학년 교양영어 수업시간에 교과서에 실려 있던, 영국 수필가의 '모스키토'라는 짧은 수
필을 배웠었죠.
기차여행 중 모기를 발견한 화자, 생각에 잠기죠. 아, 저 모기는 어디를 가는 중일까? 그
럼 나는, 내 인생은 지금 어디로 가는 중이지?
모기 한 마리를 계기로 잔잔한 깨달음을 주는 좋은 수필이었죠.
인생 중간점검 검표원이 있다면,
얼마나 좋을까요?

문창실 님 ●●● tolk
인생길 점검해 주는 분이 있어도 제 고집으로 삐뚤어진 길을 가는 이에겐 무용지물일
듯하네요~^^

tolk ●●● **신은경 님**
예매가 안된 공석만 차표 검사하는걸로 알았는데…

이수진 님 ●●● tolk
교수님은 톡으로 그런 역할 하고 계시잖아요~^^

tolk ●●● **하순철 님**
기찻길이 인생길과 다름이 없네요. 왕복표는 없지만.

김대식 님 ●●● tolk
가끔 차표 검사하는 분. 의사선생님 왈 "이대로 쭉 가면 죽어요"

천인천자문

천 사람이 한 글자씩 써서 완성하는 천자문.

천인천자문(千人千字文).

"하늘 천(天)"에서부터 맨 끝 "이끼 야(也)"까지 …

아기 돌 축하하는 선물로 지극 정성이 깃들어 있는 것.

인사동에서 오랫동안 고서점(통문관) 운영한 이겸노 옹도

손자 위해 시도했으나, 실패했다네요. 천 명 못 채운 것.

진품명품 감정하는 김영복 선생한테 그 말 전해 듣고,

나도 얼른 헤아려봤죠.

핸드폰 주소록 들춰보았으나,

1000명은 아직 부족.   ,

연락하거나 만나기 참 힘들던 조선시대에 …

우리 조상님네 인간관계 참 대단합니다. ^^

tolk ●●● **강문수 님**
조선시대니까 가능하지 않았을까요?
예전엔 사랑방에 드나드는 이들이 좀 많았나요.
문화 자체가 인간들이 왔다갔다하는 인간 인터넷 시대!
웬만큼 사는 댁에는 사랑채에 식객들도 바글바글.
손님들 들끓었던 사랑방은 지금으로 치면 인터넷 통신망의 '허브'라고나 할까~
천인천자문 소문나면 그걸 핑계 삼아 한끼 해결하려는 한량들도 기웃거렸겠죠?

정종기 님 ●●● tolk
영광에 있는 왕인박사 기념관에 자기로 구워 붙인 천인천자문이 있더군요.

tolk ●●● **김윤수 님**
저도 한 글자 써서 보태겠습니다. 시도해 보시죠.

배영동 님 ●●● tolk
그렇죠. 지난해 국립민속박물관 회의참석하고 나오려니 어떤 젊은 직원이 천인천자문
만든다며 한 자 써 달라 하더군요. 완성했을 듯해요. 정성이죠.

tolk ●●● **강석우 님**
누군지 대단한 분입니다. 아마도 많은 시간이 걸렸을겁니다. 옛날 영미문학 대가 중에
일생을 바쳐 작품을 쓰는 사람들이 많더라구요. 그러다가 완성 못하고 죽으면 후학이
완성하는 경우도 있구요.

김기서 님 ●●● tolk
하루 묵어가는 길손과 여러날 묵어가는 묵객들을 대접해가며 얻어낸 결실인듯. ^^♡

이틀에 걸쳐

《독 50년사》책에 실린 원로의 글 하나.

잠에 대해 고시생들에게 물어보고 연구하며 체험해 보았다는
내용.

가장 효율적인 잠의 관리는?

"이틀(2일)에 걸쳐서 자라!"

자정을 중심으로 전후 2일에 걸쳐서 자는 게 최고라는 것!

전날의 피로를 정리하고 다음 날의 준비를 하는,

정리와 준비의 생체 리듬.

이래야 피로도 말끔히 풀리고 식욕도 왕성,

다음날 공부나 일도 말짱한 정신으로 한다죠.

저녁 10시면 무조건 취침, 새벽 5시쯤 기상하는 몸.

참 잘하고 있나 봅니다. ㅎㅎㅎ

tolk ●●● **강문수 님**
가장 이상적인 수면시간!
대산 선생도 주역강의 때, 사람은 인시(6시)에 기상하는 것이 자연의 이치에 맞다
하셨는데~
전 인시엔 꿈나라에요.

배영동 님 ●●● tolk
불이 침침하던 50년 전까지는 무조건 일찍 잤죠.
전등불 들어오면서 밤에도 대낮처럼 밝아지니 현대인들이 생체리듬 무시하고 낮인양
활동해요. 젊은이일수록 더 늦게 자죠. 결과는 기상시간이 늦어지니 출근시간에 허둥지
둥하죠.
어차피 잘 거라면 "하루에 이틀간 잠자기", 멋지네요. 몸도 살리고 전기도 아끼고.

tolk ●●● **강석우 님**
11시 30분에 자고 6시에 일어납니다. 가끔 재미있는 프로그램이나 영화를 볼 때는 12
시를 넘기기도 합니다. 지금부터는 12시를 안 넘기자 다짐!
그런데 언제부턴가 밤새 꿈을 꾸어 수면의 질은 별로입니다.

안병걸 님 ●●● tolk
저는 10시쯤 되어야 비로소 말똥말똥해집니다. 고질입니다. 😑😑

tolk ●●● **원연희 님**
교수님께서는 좋은 습관을 가졌습니다. 그러면 하루가 훨씬 길어 많은 일을 할 수 있으
시겠죠. 저는 밤이 되어 조용해지면 새벽까지 잠을 안 자고 일을 하던 습관이 좀처럼 바
뀌지 않습니다. 새벽형 인간이 되어야 하는데 거꾸로 살고 있습니다. 그래서 출세는 일
찌감치 포기했습니다^^

노연주 님 ●●● tolk
ㅎㅎㅎ
나이든 사람들의 리듬….
저도 새벽잠이 점점 없어지네요. 일찍 자고 ㅎㅎ

어떤 분재기

"너는 외동딸로서 내가 자애로운 마음이
다른 형제들에 비하여 매우 각별하였다.
임진왜란 후에 구입한 집을 수리할 때 너를 업고 감독하며
'이건 네 집이다'라고 농담으로 말하였거늘,
그 후부터 네가 늘 내 집이라고 사람들한테 말하였으니,
내가 어찌 너를 속이겠느냐?
이종규에게 구입한 서울 명례방(명동)의 집 한 채를
너한테 특별히 주노니,
다른 형제가 불평하거든 이 문서로 바로잡아라."

전주이씨 종친부 이경검의 외동딸 효숙.
예산 수당고택 건축했다는 그 여장부에게
특별히 보너스로 준 것.
아버지 말을 철석같이 믿은 딸,
그리고 농담으로 뱉은 말조차도 지킨 아버지.
과연 명문답습니다.
말과 글만 기름진 이 시대에 더욱 더…^^

tolk ●●● **권성로 님**
언행일치(言行一致).
말과 글을 기름지게 꾸밀 수는 있지만 행동으로 옮기기는 쉽지 않습니다.

김영수 님 ●●● tolk
나누어 줄 것이 있어야 분재기를 쓸 텐데 …

tolk ●●● **원연희 님**
율곡 이이 집안의 분재기도 딸들에게 재산을 균등하게 분배하는 걸로 보아 남녀 차별은
확실히 조선 후기에 정착된 게 맞네요. 여성을 억압하며 이루어져 갔던 문화를 호주사
람이 보고 글을 남긴 것이 1884년이라는 책이라는데, 조선 후기의 남자분들은 여성의
희생이 일상화된 분들이었겠죠. 시어머니의 권위도 아들의 위상만큼 높아졌겠죠. 어떤
형태든 인권 유린은 나쁜 병폐인 것만큼은 확실하죠^^

배영동 님 ●●● tolk
아버지의 농담을 등에 업힌 딸아이가 진담으로 믿고 있으니 이를 진짜 약속으로 실천한
아버지.
재산도 넉넉했겠지만 그보다는 딸아이만의 세계를 존중한 이경검의 지혜와 실천력이
돋보이네요.
요즘, 아동학대 소식이 끊이지 않는 세태를 접하면서, 자식 키우는 자세와 마음을 다시
생각하게 되네요.

호상?

미용학과 남미우 교수 부친상 문상 자리.

향년 91세.

남아선호사상이 유별났다는 고인.

딸보다는 조카들한테 살뜰한 추억 더 많다는 분.

그럼에도 그 따님인 남 교수 하는 말.

"남의 부모가 이 연세에 가시면 호상이라 했지만,

막상 우리 아버지 가시니, 절대 호상이라 못하겠어요."

하마터면 나도 실수로 호상 운운할 뻔한 자리.

조심해서 써야 할 말.

tolk ••• **송찬구 님**
내 어머니 79세 가셨을 때도 호상 어쩌구 하는 사람 확 패고 싶었던 기억!

이종건 님 ••• tolk
ㅎㅎㅎㅎㅎ 상주 앞에서는 절대 호상이라 하면 안 돼요. 얼마나 애통하시냐고 문상해야
지요. 애통이라는 문상의 말은 부모님의 상에만 쓰는 말입니다.

tolk ••• **김창진 님**
그렇죠. 가족이 느끼는 게 정답이죠. 남이 호상이라고 먼저 말하면 안 되죠.

김영수 님 ••• tolk
상주에게 호상은 없지요!

tolk ••• **곽신환 님**
호상은 문상객들끼리는 할 수 있지만 유족에게는 안되는 말 - 자칫 그의 죽음이 내게 좋
은 일이라는 뜻으로까지 들릴 수도 있으니까…

덜된 논문이

"덜된 논문이 길고,
못 그린 화첩이 두껍다."

그간 쓴 글 가운데 좋은 것만 골라 정년문집 내라고 권유하면서,
모암 윤양희 선배님이 하신 말씀.
화첩은 잘 모르겠고, 논문은 정말 그런 듯. ^^
아마 말도 그러지 않은가 싶습니다.

tolk ••• **김중우 님**
예. 맞습니다. 글도 말도 군더더기 싸~악 걷어내고 짧게 요점만 간단히!
명심하겠습니다.

박래은 님 ••• **tolk**
소논문 쓰고 있는 제게 콕 집어 전해 주신 듯한 구절입니다.
요즘 발표하는 논문을 보면 길게 쓰는 경향이 있어 피로감을 느꼈는데, 가슴 한 켠이 뻥 뚫리는 아침입니다.

tolk ••• **배영동 님**
경륜으로 쌓이고 깊어지는 인문학에서 세월이 흐르면 스스로 부끄럽게 여겨지는 글이 많아지더이다. 어느 시인의 표현처럼 "지금 아는 것을 그 때도 알았더라면" 하는 생각에서 비롯되는 일이 아닌가 합니다.

구자천 님 ••• **tolk**
서툰 선생이 설명이 길더라구~~

tolk ••• **정종기 님**
오늘 글이 짧은 데 사연이 있었군요.^^

김아론 ••• **tolk**
아시아연합신학대학원에서 글짧게 쓰는 훈련만 학기 내내 받은 적 있습니다.
듣는 사람은 말하는 사람의 내용을 결국 한문장으로만 기억한다 미국의 박사논문도 한 문장으로 줄일수 있어야 한다고.
그래서 말이나 글이 짧을수록 더 파워가있다고 제일 길게 쓰더라도 신문칼럼 길이를 초과하지말라고 마치 돋보기가 빛을 모으면 물질을 태울수 있듯이~ 아차 길어졌네요
ㅎㅎ

감기약

테너 엄정행.

미성으로 부르는 "오 내 사랑 목련화야 ♪ ♬ ♪"

언제 들어도 감미롭죠.

한 번쯤 감기 걸릴 법하건만 늘 건강하게 노래하는 비결,

뭔지 아세요?

공연 전날, 무조건 감기약 먹는답니다.

감기 걸리지 않았어도 …

진인사대천명.

talk •●● **남궁양 님**
철저한 자기관리만이 대가의 반열에 서는 비법이겠지요!

류귀열 님 ●●● talk
저는 커디션 안 좋으면 비타민 C3000mg 먹는데 ㅎ

talk •●● **한미숙 님**
약 남용하면 안되는데^.*

권대광 님 ●●● talk
저도 용각산 얘기를 들어본 적 있습니다. 진인사대천명이군요.

talk •●● **강석우 님**
사람은 누구나 다르고, 자신은 자신이 가장 잘 아니, 자기만의 비결이 있지요.
나의 비결!
"반복이 힘이다"

강문수 님 ●●● talk
병 걸려야 먹는 게 약이란 통념을 뒤집는, 걸리지 말라고 미리 먹는 예방약이군요.
그러고보면 사실 보약도 일종의 예방약~
아! 백신도 예방약~

빚 갚기

왜 사는가?

외상값 때문…

이라고 어느 시인은 말했죠.

부모님을 비롯해 살아오면서 받은 사랑의 부채.

그 빚 갚기 위해 사는 게 우리 인생.

국가적으로도 빚진 것 많죠.

6·25 때 도와준 16개 전투병 파견국과 5개 의료부대 지원국.

15,000명이나 보내준 터어키는

지금도 우릴 형제 나라라 한다죠?

미국 영국 프랑스 오스트레일리아 뉴질랜드 캐나다 네덜란드
필리핀 터키 콜롬비아 벨기에 태국 그리스 에티오피아 남아프리
카연방 룩셈부르크 노르웨이 이탈리아 스웨덴 덴마크 인도

21개국 아니었으면 큰일 날 뻔한 우리나라, 언제 한 번 제대로
빚 갚은 적 있나 싶습니다.

코로나19로 온 세계가 우리 바라보며 도움 요청하는 지금이야말로

빛 갚을 절호의 기회.

이렇게 혼자 생각하는 중,

우리 정부가 16개 참전국한테 보은 차원에서 마스크 지원키로

했다는 인터넷 보도.

반가워라.

16개국만이 아니라 21개국 우선 도와야 할 일.

그때 고마웠노라는 인사와 함께.

tolk ●●● **강석우 님**
잘하는 일이라 생각됩니다.
잘 주고 받는 일!
어쩌면 가장 중요한 일인지 모릅니다.
모두가 잘 살 수 있는…

강문수 님 ●●● tolk
은혜 갚아야 원숭이가 아니죠.
6.25 은혜갚기는 코로나 이전에도 꾸준히 진행되어 왔었는데, 코로나를 계기로 참전국
중 경제적으로 고통받고 있는 나라는 실질적인 무상의료원조가 이루어져야 진짜 은혜
갚기가 되겠죠.
부경대는 십여년 전부터 '6.25 은혜갚기' 프로그램이 있더군요.

tolk ●●● **백훈 님**
초등학교때, '미영오캐뉴타벨콜…' 하며 육이오 참전국 외웠었죠.
'다음 중에 6.25 참전국이 아닌 나라는?' 이런 시험 문제도 보면서…

나시족 할머니

100미터도 안 되는 길을
등짐 지고 느릿느릿 걷는 할머니.
중국 운남성 소수민족 나시족 할머니.
여행하던 윤동재 시인이 그걸 보다가,
왜 그렇게 걷느냐고 묻자 그러더라죠.

"빨리 걸으나 늦게 걸으나 길은 끝나게 되어 있는 것.
길이 끝나는 곳은 죽음.
무엇 때문에 빨리 걸어야 하는가?
순간순간을 즐기며 걸어가고 있는 것."

tolk ●●● **강문수 님**
나시족 할머니는 철학자, 깨달은 자~.

구자천 님 ●●● tolk
ㅎㅎ 맘에 드네~~ 내가 속초 갈 때 고속도로 이용을 거의 안하는 이유 ㅋㅋ 제주도도 차 끌고 배타고 갔었죠~~
시간을 축소 시키면 자연이라는 공간을 상실하죠~~ 얻으면 잃는 게 있는 법 대신 잃을 때 얻는 게 있는 건데 우리 인간들이 그걸 모르고~~ㅉㅉ

tolk ●●● **윤용기 님**
우리에게는 왜 그런 여유가 없을까요?

김정훈 님 ●●● tolk
할머니가 쇼펜하우어네요.
염세가 아니니 더 낫군요.

tolk ●●● **최내경 님**
순간 순간 즐기며 걸어가고 있는 것… 멋지십니다. 고맙습니다 ~

하순철 님 ●●● tolk
삶의 과정이 중요하다는 생활인의 철학.

tolk ●●● **김창진 님**
진리네요. 현인의 말씀. 제가 게으른 이유. ㅋ ㅋ

이동준 님 ●●● tolk
지난날 경인선 기동차 급행보다 완행이 진짜 볼거리가 많다고 그 누군가 말하더니…*.*

기제사

유교식 기제사 ⋯ 세계에서 우리 민족만 지내고 있죠

(한국 기독교에만 추도식 있는 것도 특이 현상).

고려말 중국에서 들여온 문화지만,

중국은 공산화로 사라지고,

일본은 신도와 불교 위세에 눌려 바뀌었죠.

고인 돌아가신 날(기일)에 모여,

주자가례 형식존중해 모시던 기제사가 나날이 변화 중 ⋯

기일 아닌 날로 옮겨 지내기(주말이나 공휴일).

집 아닌 데서도 지내기(콘도나 호텔).

예법에 없는 음식도 차리기(고인의 기호 식품).

낮에도 모이기(근무하다 점심 겸).

제수음식 직접 만들지 않고 배달시키기 ⋯

오늘은 현충일.

서양식 개념의 성인 제삿날인 만성절처럼,

같은 날 일제히 호국 영령 추념하는 하루.

오늘의 우리가 있는 것은 오로지 님들 희생 덕택 …

고이 잠드소서.

tolk ●●● **김기서 님**
일본 가정내의 불단은 부처 아닌 고인을 기리는 제단. 일상 속에서 함께 지내듯 기림. 기
일에는 친족들이 모여 함께. 주로 사찰에서. 베트남에도 기제사가. 형식은 다르지만 ^^

강문수 님 ●●● tolk
유교, 가부장의 힘이 사라진 지는 이미 오래되었죠.
접빈객의 상징인 사랑채가 사라진 것이 언제인지 기억이 가물거릴 정도, 아예 한옥
자체가 사라졌죠. 손님 한 번 집으로 모시려면 마누라 허락은 필수. 기 쓰고 서재 갖고
싶어하는 남자들은 자신의 공간이 필요하다 느끼는 본능, 안방 탈출 모색이겠죠.
이제 남은 것은 봉제사. 이것도 형님이 지적하신대로 많은 변형이 난무하죠.

tolk ●●● **민경미 님**
기제사,명절 한번 치루고 나면 저는 며칠씩 통증의학과 치료를 받으러 다녀야 해요.
저는 30여년을 모셔왔지만.. 저희 아들한테는 결코 물려주고 싶지않은 풍습이지요.
꼭 지내야만 조상을 섬긴다고 생각은 안하는 사람입니다.
제사 안 모셔본 사람은 몰라요~ 얼마나 육체 노동인지를…. 쩝!

갓길

"노견을 갓길로 바꾼 일. 내 생애 최고 자랑."

이어령 선생이 어쩌면 마지막일 인터뷰에서 밝힌 말씀.

바이마르공화국 재상까지 역임한 문호 괴테를 인생 롤 모델로

여겼다는 분.

전 문화부장관 이 선생님.

수많은 책과 업적 있으나,

가장 자랑스러운 일은 이것이라니 …

tolk ●●● **하순철 님**
천재의 대표적 업적이 단어 하나 바꾼 것이라니.

문창실 님 ●●● tolk
우리의 삶에 언젠가부터 뿌리 깊게 자리 잡은 관습들을 하루아침에 고치기란 정말 힘드
는 일이지요~

tolk ●●● **강석우 님**
송수권 시인을 발굴한 이어령 선생님..
휴지통에 들어갈 뻔한 시를 찾아내 그 가치를 알아보고 등단시키셨죠?
그 유명한 시 "산문에 기대어"

송찬구 님 ●●● tolk
오! 그러셨구나!..갓길! 이 좋은 말을 선생님이? 것도 몰랐네!!!!

tolk ●●● **배영동 님**
아하. 이어령 장관님 작품이셨군요. 우리가 고등학교 때까지 노견이라고 했는데, 언제
보니 그렇게 바뀌었더군요. 참 정확하고 참한 말입니다. 이렇게 전문가가 사회에 제언
을 해야 세상이 바뀝니다. 난 요즘 꼭 고치고 싶은 것이 스마트폰 열면 날씨란에 "미세먼
지 좋음" "미세먼지 매우 좋음" "미세먼지 나쁨" "미세먼지 매우 나쁨" 이런 당치도 않은
표현입니다. 당연히 미세먼지는 나쁜 것이니 성립될 수 없습니다. 이건 "미세먼지 없음"
"미세먼지 많음" "미세먼지 매우 많음" "미세먼지 보통" 이런 표현으로 수정되어야 하겠
지요. 어디에다가 신고를 해야 고쳐지나요? 이렇게 밝은 세상에 국어실력이나 논리력이
초등학교 수준도 안되는 것 같아요.

외국영화상

봉준호 감독이 받은 아카데미영화상에 신설된 상.

"외국영화상(국제장편영화상)"

당나라 빈공과 같은 것.

내국인 중심이면서 외국인에게 생색내기.

자기네 포용성 홍보용.

신라 천재 최치원이 12세에 건너가 18세에 급제한 시험이 빈공과.

철저히 외국인끼리 경쟁에서 뽑힌 것.

이번 〈기생충〉 수상은 특별한 일.

외국영화상(국제장편영화상)은 물론

백인들 영어영화한테만 주는 핵심적인 상들을 싹쓸이했기 때문.

미국영화 수준으로 봐도 우수하다는 걸 인정받은 것.

특히 꽃에 해당하는 작품상까지 거머쥐었으니 …

영화만이 아니라 다른 분야도 이랬으면 좋겠습니다.

아직도 베끼기 수준이라는 교육학, 신학

이들 분야에서 특히 분발했으면 …

tolk ●●● **강석우 님**
우리나라의 문화, 스포츠 수준은 이미 세계적인 수준에 도달한 것 같습니다.

김창진 님 ●●● tolk
그래야죠. 조동일 선생님 말씀하시길 이론을 창조해야 선진국이다.

tolk ●●● **김귀연 님**
우리나라 영화를 영어자막으로 아카데미 시상식에서 보는 건 정말 특별했어요.

강문수 님 ●●● tolk
한강이 받은 2016 맨브커상은 인터네셔널 부문, 2016 맨부커 상은 폴 비티의 '배반'이 받았죠.
맨부커상은 영어로 씌어진 작품에, 맨부커 인터네셔널상은 영어로 번역된 작품에 수여되는 상.
형님 지적대로 당나라 빈공과에 해당하는 격이죠.

tolk ●●● **원연희 님**
선진국이라는 인정을 받은 듯합니다.
방탄소년단의 활약도 그렇고 예전의 싸이의 활약도 그렇고요.^^

구자천 님 ●●● tolk
권위는 있어야 되지만 권위주의는 폐습·· 실용음악 요리학과 등은 고졸도 대학교수~~ ㅎㅎ 그 파격이 한류를 이끌고 있죠. ㅋㅋ 폐쇄는 망국의 지름길 조선시대가 증명! 사대나 교대 교수들 중에 정말 중고생을 잘 가르치는 교수가 있을까? 웃기는 현실 밥그릇 지키느라 혈안~~^^

신부가 주인공?

지인 딸 혼인식.

신랑 입장에 이어 신부 입장 차례.

언제나처럼 진행자가 하는 말.

오늘의 주인공 신부가 입장하겠습니다.

모두 일어서서 박수해 주십시오.

신부 입장!

이 말 들을 때마다 드는 생각.

왜 신부가 주인공이지?

신랑 신부 둘 다 주인공이잖아 …

음과 양의 대등한 결합이니까 ….

피로연에서 따지자 서울과기대 신연우 교수 왈.

"서양 약탈혼에서 온 것.

약탈당한 신부를 달래주려 생긴 말.

신랑(bridegroom)은 '신부(bride)의 사람, 남자(groom)',

'신부 위해 모든 일 해 주는 존재'라는 뜻."

서양과는 달랐던 우리 혼인 문화.

신부 집에서 예식 올리기,

첫날밤도 신부 집에서 갖는 게 원형 …

신랑다루기도 당하고 처가살이하기가 필수였던 우리.

그런데도 왜 계속 서양 흉내를 내야 하는지 …?

혹 조선후기 이래의 시집살이에 대한 보상심리에서 받아들인

게 굳어졌는지도 모를 일.^^

tolk ●●● **김창진 님**
ㅎ 여자들은요. 혼인날 하루만 주인공입니다. 그 다음날부터 죽을 때까지 신랑이 주인공
입니다. 그래서 단 하루만이라도 우대해 주는 뜻입니다.

김경숙 님 ●●● tolk
요즘은 전보다 이런 말들을 훨씬 덜 쓰는.것 같아요. 점차 변해가겠지요.
저도 아들들만 있어서인지 "오늘의 두 주인공" 이런 거 좋아합니다.^^

tolk ●●● **이종건 님**
ㅎㅎㅎㅎㅎ. 그런 것 같네요. 사실 혼주는 부모님이고, 장례는 자식이 주관하는 것이어
야 인간답습니다. 동양이 서양보다 더 인간답지요. 인간문화는 동양이 앞섰어요.

김선균 님 ●●● tolk
장가든다, 장가간다는 말이 그렇지요. 처가에 간다는 뜻이니…
우리의 옛 문화는 모계 중심 사회에서 유래한 게 분명한 것 같습니다.
그래서 아버지보다 엄마를 좋아하나 봅니다.
요즘도 보면 많은 가정이 고모보다 이모와 더 친하고 교류도 잦아요.

화장실 인사

귀가하려 연구실 나서 화장실 …

서서 일 보는 중, 두 사람이 대화하며 들어옵니다.

음성 들어보니 옆 방 교수와 다른 건물 공대 교수.

다른 데라면 인사하는 게 당연하나, 모른 척.

그러자 공대 그 교수 큰 소리로 왈.

이 교수님, 안녕하세요?

도리 없이 고개 돌려 인사 받을 수밖에. ㅋㅋㅋ

화장실에서는 눈 마주칠 경우에만 목례하는 것이 에티켓…

아마 몰랐거나, 너무 너무 반가웠거나. ㅎㅎㅎ

tolk ●●● **배영동 님**
너무 반가웠겠죠. 그런데 또 하나 궁금증. 화장실에서 인사 관련 에티켓도 서양식이겠
죠? 서양에서는 왜 그렇게 생각했을지? 사적이고 민망한 상황이니 인사 받기도 하기도
불편하다는 데서 생긴 걸까요? 그럼 우리나라에는 화장실 에티켓이 없었을지?

곽신환 님 ●●● tolk
사모님 문병가서 어디가 아프시냐고 꼬치꼬치 캐묻는 친절한 제자도 있죠.

tolk ●●● **안상숙 님**
ㅎㅎ 여자들이 경험 못 하는 세계

백송중 님 ●●● tolk
아, 묘한 이야기를… 그러시군요ㅋㅋㅋ. 여성들은 어떤가, 하고 잠깐 생각했습니다.^^

tolk ●●● **정진 님**
너무 너무 반가우셨나 봅니다 ㅎㅎ

박미례 님 ●●● tolk
진짜 싫다. ㅋㅋㅋ

tolk ●●● **조홍범 님**
제 기억으로 화장실 에티켓은 군대 훈련소에서 배운 것 같습니다.
그 공대 교수님 필시 군면제자일 것 같아요.^^

송찬구 님 ●●● tolk
너무 반가웠겠지? 여자들도 목욕탕에서 그래… 웬만하면 모르는 척!…전지연 몸매들
아니니까!!^~

4 Four

접촉? 감염! 막학기… :

코로나19, 학교와 교육

소소하고 찬란한 하루

오지 마세요

이 달 말에 아들 결혼시키는 인천의 후배.
청첩장 받았기에 찾아가려 교통편 물었죠.
날아온 답 문자.

"코로나 때문에 친구 놈들도 오지 말라 했어요.
굳이 먼 길 오실 필요 없습니다."

식장 인원 50명 이하로 제한한다더니,
양가 가족만 들어가도 다 차서 그러는 모양.

어느 모임에서 이 말 하자 최근에 아들 장가 보낸 분이 경험담 말
합니다.
참석시킬 대상을 두고 아들과 대화해 정했다고 …
아들 친구들인지, 아버지 친구들인지 …
화상 결혼식, 차례, 제사도 등장했다네요.
코로나가 바꿔놓고 있는 우리 관혼상제 풍속도 …
도대체 어디까지일지 궁금합니다.

tolk ●●● **김신연 님**
결혼식 50명 이내 참석, 코로나 덕분에 갖게 된 좋은 풍속입니다. 강제로라도 그렇게 되어야 합니다. 동네 잔치는 농경 사회에서 가능한 미풍양속이었어요.

김진영 님 ●●● tolk
저도 식장 안은 못 들어가게 해서 축의금 전달하는 곳에만 가서 전달하고 온 적 있습니다.

tolk ●●● **배영동 님**
포스트코로나 시대 민속학의 탄생을 예고합니다.
나도 최근에 고향에서 마을친구 딸 혼사에 갔죠. 친구들이 와서 혼주에게 축하 인사하고, 축의금만 전달하고 답례품 받아서 대부분 바로 귀가하더군요.
나는 식장 밖에서라도 신랑신부 얼굴과 예식 구경이라도 보고 간다 맘 먹고 기다렸죠.
그랬더니 혼주가 식장에 들어가는 50번째 입장권이라서 주머니에서 꺼내주더군요.
그 순간 내가 마지막으로 선택받았다는 그 느낌, 잔칫집에서 평생 처음 경험이었죠.
일부 친구들도 있었는데, 그들은 문밖에서 목을 빼고 혼사 치르는 걸 구경하고, 나는 식장 안에 앉아서 구경하며 사진 찍고 했으니 말이죠.

남궁양 님 ●●● tolk
조문 • 조의금도 사절합니다.
코로나가 빚은 문구입니다.
삭막하네요^^

tolk ●●● **강석우 님**
예전 같이 사람들이 많이 모이는 행사는 줄어들겠지요. 회사 부장 친구가 제과점을 하는데 요즘 싱글벙글 합니다.
아이들이 집에 있으니 빵을 많이 먹어 장사가 잘된다고 합니다.

김창진 님 ●●● tolk
일본이 그렇게 미리 가까운 지인들 참석자 정하고 자리에는 이름까지 써놓는다고 하죠.

비대면 강의

인성교양대학 소속 어느 교수.
코로나19로 비대면 실시간 강의인 이번 학기 첫 시간,
학생들한테 물었다네요.

"1. 세 시간 연속 실시간으로 할까?
2. 세 시간 중 2시간은 녹화로,
1시간만 실시간으로 질문이랑 토론할까?"

1번 찬성자는 전무.
2번으로 하기로 했다며 덧붙이는 말.

"학생들이 녹화 강의 맛을 봐 버린 거에요."
자기 편리한 시간에 들을 수 있어, 알바도 가능한 데다,
여학생들은 화장할 필요도 없으니 그런 것. ^^

tolk ●●● **백훈 님**
미국은 대학교수님들이 실시간 비대면을 하려던 계획이 처음부터 어긋났지요.
학교에서 먼 주(state)에 있는 집으로 돌아간 학생들의 경우, 시차 때문에 꼭두새벽이나
밤에 들어야 하니 불편하다고 툴툴거렸죠. 특히 일단 집에 간 외국 유학생들의 경우에
는 자기 나라에서 강의 시간 맞추기가 더 힘들다고 난리를 쳤다고…

최도일 님 ●●● tolk
각자의 장단점이 있겠지만 역시 2번의 맛이 학생된 입장에선 비교적 편하긴 합니
다..^^;;

tolk ●●● **강석우 님**
저는 방송대시절부터 멀티미디어 교육을 활용해 왔는데요.
저한테는 많은 잇점이 있습니다.
수업을 듣다가 집중이 안 되면 좀 쉴 수 있고, 또 반복해서 강의를 들을 수도 있고 …
지금 영미시 스터디그룹 지도를 하면서 강의를 다시 듣는데 또 새롭습니다.

정종기 님 ●●● tolk
코로나가 삶과 문화의 패러다임을 바꾸고 있습니다.

tolk ●●● **강문수 님**
인간은 경제적 동물. 힘 안들이고 편리함 추구.
최소의 노력으로 최소의 경비로, 최대의 효과가 나오면 금상첨화.

김미향 님 ●●● tolk
맞는 말씀!
저도 재택 근무할 때 화장 안 하고 옷 안 챙겨 입어도 되니 좋더라구요.
근데 그러다가 갑자기 사무실 가야 할 일이 생기면 또 대략 난감이긴 하지만요~~ㅋㅋ

tolk ●●● **편무영 님**
일본대학생 대부분 녹화강의 원함 ~

이병우 님 ●●● tolk
모두 사이버대학으로 진화할 듯합니다. ㅎ

차분히

영국 경찰은 절대 뛰지 않는다죠?
시민이 불안해할까 봐 …

코로나 발표할 때 절대 차분한 정은경 본부장
국민이 불안해할까 봐 그런 거겠죠.
하고픈 말 다 못한 채
싫은 내색 꾹 참고 그러는 거겠죠?

"신에게는 아직 배 열두 척이 있나이다 …"
이순신 장군도 임진왜란 때 그러셨을 듯.
아무리 위태로워도 태연하게 차분하게 …

tolk ••• **문창실 님**
정은경 질병관리본부장님의 상황 설명과 확진자 발표 등 전국민에게 공지하는 자세는 참으로 본받아야 할 자세임이 틀림없습니다. 차분하고 명쾌하게 그러나 마음 속엔 '이 국난을 극복하겠다'는 차돌 같은 결의가 느껴지는 브리핑이죠~^^

김은주 님 ••• tolk
진정 마음으로 격려하고픈 인물이지요. 코로나 초반때보다 부쩍 흰머리도 늘어나고 주름도 깊어진 것 같습니다. 입장을 바꾸어 생각하니 국가방역의 막중한 짐의 무게가 얼마나 힘겨울까 싶어요.
짐을 나누어지지는 못할망정 책임공방론으로 상대를 힐난하고 모든것을 전가시키는 무리들은 이성이 마비된 광기라고밖에 …

tolk ••• **김창진 님**
그 자리 참 힘든 자리일 텐데 무던한 분이에요.

곽신환 님 ••• tolk
타고난 천성일 수도…
그 천성이 시대를 잘 만난 것일 뿐일 수도.

tolk ••• **구자천 님**
난세에 영웅이 나는 법!!!
정 본부장도 영웅이 되길~~
글구 또 다른 많은 영웅이 나타나길 기도합니다~~^^

얼굴의 평준화

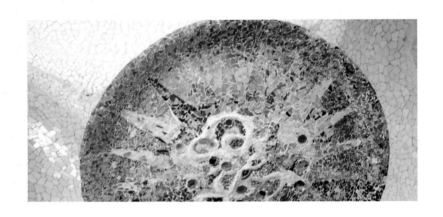

신종 코로나 때문에 달라진 풍속도.

너도 나도 마스크 하고 다니기.

하얀 색 아니면 검정, 눈만 빠꼼 …

여러 날 돌아다니다 느낀 게 있습니다.

얼굴의 평준화. ^^

잘 생겼는지 아닌지 모르게 됐다는 점.

모두가 반짝이는 눈, 신비로워라.

비로소 알았습니다.

무슬림사회의 부르카에 장점도 있다는 것을 …^^

tolk ●●● **주칠성 님**

ㅎㅎㅎ~~

그래서 눈이 보배라고 하나 보네요.

그래서 난 사람을 볼 때 눈을 먼저 보게 되고 반짝반짝 총명한 눈을 좋아합니다.~~

구영희 님 ●●● tolk

저도 상담전, 고객한테 마스크 하나주고, 제것도 테이블에 놓고 담판을 벌이죠..ㅎㅎ

'불편하시면, 마스크 착용하고 상담할까요?'ㅎㅎ

거의는 그냥 하라는데… 저를 포함한 이렇게 문제의식이 없어서야 원. ㅋㅋ

tolk ●●● **원연희 님**

화장을 할 수 없는 점도 있습니다.^^

한경희 님 ●●● tolk

신비스럽기도 하지요.

부르카에 감춘 무슬림 여인들 그 옷을 벗으면 세상 어느 여인들보다 화려한 속옷과 사치에 깜놀한다지요.

소소 계층이겠지만요.

tolk ●●● **구자천 님**

마스크로 얼굴 평준화? 키는 무엇으로? ㅎㅎ 나 박쥐는 싫은데~~ 황금박쥐는 괜찮지요? 건강 조심합시다~~^^

코로나 조심하듯

동네에서 만난 학계 원로 이만열 선생님.

서로 마스크 차림에 목례했더니 주먹을 들어 보이십니다.

나도 내밀려다,

아무래도 팔순 어르신께 결례일 것 같아 고개만 숙였더니,

기어코 들이미시기에 하는 수 없이 … 맞주먹 인사. ^^

코로나 때문에 내남없이 조심하는 요즘 풍속도.

북한식 표현대로 '위생적인 예절'의 철저화.

더도 덜도 말고, 코로나 조심하듯이만 매사 신중히 살면,

한결 안전한 대한민국 이뤄지지 않을까요?

tolk ••• **김무경 님**
손을 잡아야 하는 시각장애인들, 안내할 때가 제일 난감합니다.
ㅠㅠ 그래서 더 철저하게 지켜야 할 위생 예절이네요 ^^
그냥 꼭 껴안아 줍니다.
바이러스도 주님의 사랑은 어찌하지 못할 것 같습니다. ^^

노유선 님 ••• tolk
이런 조심 덕분에 요즘 다른 감기나 질병 발생이 줄었다고 하더라구요.ㅎㅎ

tolk ••• **배영동 님**
요즘 함께 밥 먹는 게 그리 위험하다니 제일 아쉬워요.
난 손 씻기를 평소에도 하루 15번 정도 했는데 요즘엔 20번 넘게 하지요.
이젠 물을 물쓰듯이 할 게 아니라 약 쓰듯이 해야 겠어요.

강석우 님 ••• tolk
요즘 산에도 못 가고, 법당에도 못 가고, 사람들 만나기도 꺼려지는 상황…
소소한 일상이 얼마나 소중한 것인지 잘 체험하고 있습니다.

tolk ••• **이종건 님**
ㅎㅎㅎ 목숨이 달렸으니 조심할 수밖에요. ㅎㅎㅎㅎㅎ

남미우 님 ••• tolk
네. 이번 일로 기침 예절 식사 예절 등 많이 달라질 거같아요. 한 단계 업그레이드되는
거겠죠.

접촉

요즘 신종 코로나 바이러스 보도에 자주 등장하는 단어.

"접촉"

확진환자와 접촉했다 하면 전염한다죠.

사스, 메르스와도 다른 점 한 가지.

열이나 기침, 인후통 같은 증상 없는 잠복기에도 접촉하면 옮는다는 점.

국내 확진환자 가운데 3번과 접촉한 6번이 그런 경우…

그래서 혹시라도 접촉할까 봐 극도로 조심들 하는 요즘.

학술대회, 졸업식, 해외여행 모두 취소 또는 연기 조치 중…

내가 인도하는 교회 성경공부도…

아, 좋은 분들의 좋은 점도, 접촉 즉시 내게 감염한다면 좋겠습니다.

말 듣거나 글 읽거나 만나기만 하면 곧바로…

그럼 좋은 세상 금세 이뤄지련만.

tolk ●●● **이수진 님**
ㅎㅎ 영화같은 이야기네요. ㅎㅎ

조방익 님 ●●● tolk
네, 그렇지요. 좋은 사람!
아침마다 이선배님한테 감염되고 있어요~~ ♡ㅎㅎ

tolk ●●● **이상기 님**
접촉의 부정적 이미지가 강한 요즘, 긍정적 접촉감염이라니 새롭습니다.

하순철 님 ●●● tolk
좋은 감염은 어렵고 나쁜 감염은 쉽네요.

tolk ●●● **배영동 님**
ㅎㅎㅎ
멋진 생각, 멋진 글로 멋진 사회 앞당길 수 있겠죠.
접촉이든 전염이든 좋은 것을 만드는 경우와 나쁜 것을 만드는 경우로 대별되겠죠.
주술의 경우 앞쪽을 화이트 매직, 뒷쪽을 블랙 매직이라고 어떤 종교학자가 개념화했죠.
그렇게 화이트와 블랙이란 말보다는 긍정적과 부정적이란 말이 더 좋을 것 같아요.
긍정적 접촉, 긍정적 전염이 있다면 부정적 접촉, 부정적 전염이 있겠네요.

길지연 님 ●●● tolk
성당 미사 가니 성수가 사라지고 손 소독제 놓였어요.
에휴.

격리

신종 코로나 확진자 접촉한 사람한테 하는 조치.
격리 … 14일 동안 …

1500년대 초반 이문건의 묵재일기에도 나오는 '격리'.
내리 딸아이만 낳다 기도 끝에 출생한 손자 …
친모와 상극 관계라 함께 있으면 불길하다는 점쟁이 예언 따라,
일정 기간 격리 조치 …
잘 자라 훗날 임진왜란 때 공을 세우죠.

진인사대천명.
모두의 생명 위해서라면
격리를 비롯 가능한 조치 계속 다해야 할 일.
대보름 달을 보며 하느님께 빌기도 …

아이 태어나면 사주 보고 조치를 하였군요. 명리학이 선비들의 교양이었던 이유군요. 좋은 풍속이었네요. 명리학은 일종의 과학이니까요.

강석우 님 ●●● tolk
내가 감염되면 나뿐만 아니라 가족도 회사도 내가 만났던 모든 사람들도 격리되어야만 하는 무서운 현실!
신종코로나가 빨리 지나가기를 하느님께 빌어봅니다.

tolk ●●● **이상기 님**
정월대보름이네요~~
옛 시절에는 명절이라고 쥐불놀이도 하고 부럼도 까먹고 나물도 먹고 했는데~~
온 세상이 코로나로 인한 몸살 때문에 오고가며 정감을 나누던 일상의 평범함이 행복이었구나 싶습니다.

송찬구 님 ●●● tolk
대보름날!… 빌어야할 것이 하나 더 늘었네. ㅠㅠ 국민 모두 슬기롭게 잘 이겨 나가기를…
마스크 쓰고 다녀 얼굴이 평준화 되니 좋네!..^~~^

tolk ●●● **김신연 님**
때 맞추어 제 남친인 마티아씨가 병원에 입원해서 자연스럽게 격리되어 가장 안전한 봉쇄수도원 같은 곳에서 살고 있답니다. 여기서 오곡밥을 먹었으니, 다행이지요.

이상협 님 ●●● tolk
명리에서 띠가 서로 상극이면 물상 대체로 서로 떨어져야 화합할 수 있다는 속설에 따른 것 같습니다.
코로나 빨리 없어지길 저도 기원드립니다.

구내 서점

우리 대학 캠퍼스 안에 있는 서점.
개강 무렵이면 교재 구입하려는 학생들로 붐빕니다만
지난 학기부터 뚝!
어떻게 버티나 궁금해서 들렀죠.
일부 실기과목 대면수업 학생들 있다지만,
손가락 빨고 있지 않나 걱정돼 찾아가 묻자 하는 말.

"우리 출판부에서 발행한 교재는 100%,
다른 교재도 택배로 주문하는 학생들 있어,
30~40% 정도 매출은 유지하고 있어요.
학교에서도 임대료 50% 인하해 주었고요."

산 입에 거미줄 안 친다더니,
저윽이 마음 놓입니다.
환난상휼, 상부상조로 견디는 중.

tolk ●●● **구자천 님**
임대료 인하~~
이것을 일반건물 임차인들은 꿈도 못꾸니~~ 에휴
정부지침으로 영업을 못해도 임대료는 내야 ~~
조물주 위에 건물주??
꼬마들이 하는 말
커서 뭐 하고싶어?
건물주요~~
웃픈 현실~~^^

원연희 님 ●●● tolk
우리 민족의 저력은 어려움에 처했을 돋보입니다.^^

tolk ●●● **강문수 님**
그동안 코로나 덕분에(?) 매출 유지되던 배달 음식점들은 사회적 거리두기가 완화되자
주문이 많이 줄어들었죠.
사람들이 야외로, 들로, 산으로, 골프장으로 몰려나갔다네요.
피자 가게 매출이 요 며칠 많이 줄었어요.(훌쩍)
오늘은 아침톡!
구내서점 살리기 이용 캠페인을 벌이면 좋겠네요. 처지가 같은 다른 시설도 있다면 함께~
이 와중에 재단의 임대료 인하는 상생의 길~
그러고 보니 재난 시 서민만 고통, 가진 자는 별 손해없이 임대료 그대로 받는 곳이 대부분~
임대료 특별 할인법, 국가는 세금 인하법 제정 필요.

편무영 님 ●●● tolk
저는 10여 년간 교재 사용한 적이 없어 출판사에서 보면 쓸모없는 인간입니다.(제발)

동료 교수 퇴임식

여느 때 같았으면 전체 교직원 앞에서 했을 퇴임식.

이번엔 총장실에서 교무위원 몇 동석한 가운데 조촐히 …

기념사진마저 마스크 차림으로 눈만 빠꼼히 …

"누군지도 몰라볼 기념사진, 찍어서 뭐해?"

그러는 내게 누가 하는 덕담.

"선생님 퇴임하는 8월에는 마스크 벗고 찍으세요."

tolk ●●● **차성만 님**
마스크 사진도 그때 그 기념!

권대광 님 ●●● tolk
맞습니다. 선생님. 꼬박 일년을 썼는데 아직 적응이 안 됩니다. 선생님 퇴임식 기념으로
선물처럼 벗었으면 좋겠습니다.

tolk ●●● **원연희 님**
성탄절 아기 예수님 구유상에도 마스크 그려은걸 보고 마음이 아팠습니다. 부디 이 난
리가 빨리 진정되었으면 좋겠습니다!!!

강석우 님 ●●● tolk
얼마 전 TV 다큐멘터리에서 코로나 환자가 임종시 휴대폰으로 마지막 인사를 나누는
것을 보고 충격을 받은 적이 있었습니다. 교수님의 퇴임식은 마스크 벗고 많은 분들께
축하를 받으면서 진행되기를 소원합니다.

tolk ●●● **권순긍 님**
거기는 그래도 약식으로 퇴임식은 했네요. 저희는 아예 퇴임식도 못했습니다. 교수회의
는 zoom으로 단대별로 하니 거기서 퇴임식 하기도 그렇고 그냥 어이 없이 30년 세월이
끝나버렸습니다. 우리 인생도 그렇게 가는 게 아닐까요? 아무런 준비도 못하고 이별하
듯이. 앞일은 아무도 모르죠. 오히려 아직 끝나지 않았다는 생각도 듭니다.

아침톡 중단?

코로나19 … 엄중한 국난 상황에,

평안한 사연의 아침톡 계속해도 되는지 …

진정될 때까지 중단해야 하는지 …

문득 이런 생각이 들어 몇몇 분한테 의견 물었죠.

그 답변들.

"이런 시기일수록 비대면 소통이라도 해야 숨통이 트이는 거 아

닌가?

내용도 가볍고 밝아서 좋고~^^"

"비대면 마음 소통의 아주 좋은 통로.

허리케인 덮쳐 물속에 있는 형국 아니라면.

태풍으로 집 날아간 상황 아니라면.

아무 일 없는 것처럼 …"

"평안 위주의 아침톡이니, 많은 분께 위로를 드리고 있지 않은가

요?"

"국난이니 마음의 피난처라도 제공해야지요.

정치로 가지 말고 지금처럼 일상의 이야기로 …"

"비대면인데 괜찮죠 ~~

최대한 일상을 지키는 것이 좋다고 생각합니다."

"코로나 시기에도 아침은 먹어야 하듯,

아침톡도 이 시기에 맞는 내용으로 쭉 ~"

"이런 것마저 중지하면 더 삭막하지 않을까?"

대부분 이래서 ……

그냥 보내기로 했습니다. ^^

tolk ●●● **박미례 님**
ㅎㅎ 교수님
아침톡이 없는 세상 상상하기 싫어용~~

아현떡집 ●●● tolk
책도 안 읽는 저에게 읽는 기쁨을 주시는 분이 계셔서 너무 좋은 저는…

tolk ●●● **장정희 님**
사막의 오아시스 같은 느낌인데 중단이라니요~ ㅠㅠ

이종주 님 ●●● tolk
톡 에세이, 톡 문학 홧팅!
처음에 뭐지 하다 아침마다 빙그레!

tolk ●●● **백은하 님**
뒷북 같지만~~ 이런 시국에 아침톡까지 오지 않으면 마음이 더 힘들것 같아요. 코로나
는 코로나이고 모닝톡은 모닝톡이죠.^^ 삶의 여유가 없어 매일 답글은 달지 못하지만
받으시는 분들이 모두들 감사하는 마음 잊지 않을 거예요!!^^

25년간

"문화상품권 … 스승의 날마다 … 받든지 말든지 그 은사께 계속 보내요."

지방 대학에서 배운 시간강사 분이 추천해 주어 겨우 입사한 제자한테, 그 회사 대표가 이렇게 시키더라죠.

경력 쌓아 집에 사무실 내어 근근히 개인사업 하기까지,

그 말대로 이따금 만나며 문화상품권 보내기 25년 …

어느 날, 지나가는 말처럼 그러더라죠.

"어디 빌딩 비었다는데 들어가지 않을래?"

임대료 비쌀 것만 같아 망설이다 들어간 도심의 빌딩.

알고 보니 부자 … 그 빌딩의 주인!

임대료는커녕 전기세, 물세조차 못 내게 한다네요.

부자들 …

돈 있으면 더 모으려 한다던데 …

특별한 제자 사랑!

특별한 사제 관계.

tolk ●●● **임용대 님**
정말 특별한 스승과 제자사이네요!!
베풀 줄 아는 부자 … 멋있습니다!

정재윤 님 ●●● tolk
회사대표도 귀인이네요.

tolk ●●● **전윤혜 님**
저도 이렇게 베풀고 싶은데 빌딩이 없네요. ㅋㅋㅋ

편무영 님 ●●● tolk
중대 임장혁 교수. 40여년전 김포공항에서 시내 모 호텔까지 일본인 신사 한분 태워준
인연으로 유학 7년동안 공짜로 차를 줬지요. 차검도 그때그때 해주고… 알고 보니 그 신
사가 대기업 회장님.

tolk ●●● **원연희 님**
벼락부자가 갑질을 심하게 하지, 철학이 있는 집안의 부자들은 후한 듯합니다^^ 옛말에
광에서 인심난다고 했듯이 가진 자가 그래도 베풀 수 있는 것 같습니다.^^~~

하순철 님 ●●● tolk
25년 한결같은 정성을 보이는 것은 쉬운 일이 아니죠.
그런 정성이 좋은 보답을 받았네요.

독수리 타법

언젠가, 무슨 심사하는 자리.

명지대 모 교수가 심사 결과 입력할 때 보니 독수리 타법.

오랜 만에 보는 풍경이라 물었죠.

"아니, 웬 독수리 타법입니까?"

"처음에 잘못 배워서 그럽니다."

문득, 자판 배울 때 생각이 납니다.

고개 쳐 박고 자판 보며 연습하자,

조교 김수정 양이 하는 말.

"자판 보면서 치면 안 돼요. 안 그럼 평생 자판 봐요."

그 조교 아니었더면,

나도 독수리 타법 구사하고 있겠지요.

종종 학생한테 배우는 게 많습니다. ^^

tolk ●●● **문창실 님**
독수리 한 마리 추가요~^^

하순철 님 ●●● tolk
처음 배울 때가 중요한 법이죠.

tolk ●●● **강석우 님**
상업고등학교라 타자시간이 있었지요.여자도 아니고 이런 걸 왜 배우나 했는데…
은행에서도, 학교에서도, 지금 회사에서도 잘 써먹고 있습니다. 자판은 거의 변하지
않더군요.
뭐든지 배우는 것은 중요합니다.

김남태 님 ●●● tolk
그래도 독수리가 먹이 쪼아먹는 자세가 위용이 있잖습니까? ^♡^

tolk ●●● **강문수 님**
군대 행정병 차출되어 4벌식 타자 배우다보니, 시간이 없어 정식타법은 물건너 가고 정
식을 조금 지닌 이상한 독수리가 되었어요.
자판도 계속 보다가 거북목 되었으니, 독수리-거북목 타법 완성자!

김용화 님 ●●● tolk
아직도 익히지 못해 고개 꺾고 자판만 보고 치는 천치, 억치도 있대요, 여기.
오늘도 한참을 치다 고갤 들어보니, 영문자로 쳤대요~~

제자 사랑

20년 넘게 제자와 2인 공저 준비해 왔다는 선배.

이제 저자 약력만 보내면 되건만 생각 바뀌었다네요.

아직 단독 저서 없는 제자 위해 당신은 빠지기로 한 것.

그래서 약력 보내지 않자, 그럴 수 없다며 제자는 채근하고 …

제자 부려 먹고 자기 이름으로 책 내는 선생도 있는 세상에 …

거꾸로 살아가는 우리 선배님.

tolk ●●● **박교순 님**
Good morning!!
이 분 한번 뵙고 싶네요.

원종범 님 ●●● tolk
아름다운 마음이네요 ㅎㅎ

tolk ●●● **윤용기 님**
좋은 선배님
좋은 제자
이게 우리네들이 살아가는 더 좋은 세상을 기대합니다.

이동준 님 ●●● tolk
서양 어느 너무나 유명한 철학자, 자기 제자 누구의 책을 자기 이름으로 냈다죠.
그 책이 크게 호응을 받았을 때 비로소 사실은 아무개 저술이라고 공언하였다죠,
사람 키우는 방법도 여러 가지.

tolk ●●● **배영동 님**
이런 스승은 오로지 인문학 전공자에서만 나올 겁니다. 다수가 제자 부려서 공저자로
책 내려 하겠지만, 제자 도와서 빛나게 하는 인문학자는 간혹 있을 겁니다. 인문학은 인
간애를 실천하는 인간주의(휴머니즘) 학문이기 때문입니다.
저는 모르는 분이시지만 형님과 함께 한번 뵙고 싶습니다.

김령매 님 ●●● tolk
그래도 세상은 아름답습니다~^^

전수 질문

"전수 조사" 요즘 화두.

투기 조사 … LH 직원은 물론 국회의원과 지방의원까지 …

하느냐 마느냐로 논쟁 중.

나는 어제 전공과목(한국문화의 원형) 시간에

"전수 질문(발언)" 전격 도입해 재미 보았습니다.

"10점 줄 테니 자발적으로 질문하라"

이래도 좀처럼 입 열지 않는 학생들.

어제는 3시간 중 2시간 강의 후

"전원이 한마디씩 발언할 것!

질문이든 소감이든 무조건!"

그러자 날카로운 질문들이 나와 긴장시켰습니다.

"우리 창세신화에서 미륵은 선한 신으로, 석가는 악한 신으로 묘사 … 그 이유는?"

만만찮은 질문 … 대충 내 가설 정리해 답변했죠.

전통신앙과 외래신앙의 대립으로 …

논문 한 편 써 보고 싶어라.

강제 … 필요합니다. ^^

tolk ●●● 남미우 님

저는 대학 동창 모임이 있어요 문화계에 종사하는 친구들의 모임인데 언론사 국장하는 친구가 회장을 하고있어요 그런데 모임이 어느정도 시간이 지나면 그때부터 돌아가며 한마디씩 하는거예요 항상…. 그런데 그렇게 하다보면 친구들의 현재 근황도 알게되고 관심사도 알게되고… 첨엔 귀찮아하더니 나중에는 서로 할말이 많아서… 시간 제한을 하게 되더라구요. 그 방법이 우리나라 사람들에게는 필요한가봐요….

왕현철 님 ●●● tolk

정말로 필요하지요. 저는 발표회 등에 가면 늘 첫 질문을 제가 하려고 노력합니다. 아니 노력 안해도 되지요. 누구도 첫 질문을 하려고 하지 않으니까요. 첫 질문을 하려고 하면 발표 내용에 더욱더 충실해져요^^

tolk ●●● 권순긍 님

막학기를 잘 보내고 계십니다. 그래요. 교육에서 때로는 강제도 필요합니다. 일종의 동기유발을 위해서요. 수업이 자신의 것이 아니라 여기기에 애정이 없는 게죠.

유영대 님 ●●● tolk

오호, 이런 기발한 방법을 왜 이제서야 시행하는거죠? 전수발언. 아주 좋아요.

tolk ●●● 서화종 님 ●●●

관광버스타고 선진지 견학가면서. 오면서 소감 한마디씩 해보라고 하면 다양한 목소리 (의견.아이템)도 청취할 수 있어요. 또 와~저 분이 저렇게 말을 잘하는구나. 멋진 생각이다 라고 상대방을 판단하기도하구요^^

권성로 님 ●●● tolk

최고의 강의는 학생의 입을 열어 생각을 펼쳐 내는 것입니다.

tolk ●●● 정종기 님

멍석 깔아주기를 기다리는 사람들이 있습니다. 한국인의 다수, 특히 A형.

과일 맛

공직 은퇴 후 제주도에 귀촌한 신장식 후배.
서귀포에 살면서 약간의 귤 농사 … 주문해 먹곤 합니다.
먹으며 이따금 들었던 의문.
'왜, 같은 밭에서 딴 귤 맛이 다르지?'

어제 물었더니 날아온 답변.
"햇빛과 통풍 따라, 색깔과 맛은 물론 크기까지 달라요.
같은 나무에서도 달라요.
왕빵이라 부르는 귤은, 나무 위에 많이 있어요."

귤만이 아니라, 다른 데서 온 복숭아와 사과 먹을 때도 궁금했었
는데 해결.

타고나는 것만 중요한 게 아니다!
온몸으로 일깨워 주는 과일 맛입니다.

tolk ●●● **이헌홍 님**
토질 거름 온도 습도 햇빛 바람 등의 영농 환경이 매우 중요하다는 의견에 동의합니다.
덧붙이자면, 이에 못지 않게 과목 자체의 수령이 맛을 가름하는 결정적 요건이라고 합
니다. 모든 생명체의 생산능력을 좌우하는 핵심.

석종찬 님 ●●● tolk
하우스에 재배하면 더 달답니다.

tolk ●●● **하순철 님**
귤화위지(橘化爲枳: 귤이 탱자로 바뀐다)라는 말도 있죠. 사실 우리가 먹는 열매는 씨를
효과적으로 남기기 위한 식물의 전략이죠. 그러니 주어진 여건에 맞추어 씨를 남기게
되니 열매가 다양하다고 합니다.

이성모 님 ●●● tolk
감귤농사 일반적으로 일주일에 한번은 농약을 하고 비오고 장마철에는 일주일에 두번
정도 농약을 해야 상품이 된답니다.
서귀포쪽에 우리 동생 감귤농장이 있는데 관리를 못해서 어쩌다 가끔 농약을 하니까 못
생겼어도 안심하고 먹게 되더라구요.

tolk ●●● **김정한 님**
유기농으로 가꾼 과일맛은 확연히 다르기도 합니다. 유기농 업체에서도 매번 들어오는
과일 맛이 다르답니다.

이수자 님 ●●● tolk
제주도 귤은 애월 등등 북제주 쪽보다는 서귀포쪽 귤이 조금 더 달고 맛있답니다. 연평
균 온도가 조금더 높아서이지요…

tolk ●●● **강문수 님**
'유전인가?, 환경인가?' 한 때 유명했던 논쟁거리였죠. 형님 아침톡을 보니 '환경'이 더
중요한 듯~

김채옥 님 ●●● tolk
토마토는 스페인산이라지요? 이유는 토마토가 자라기 나쁜 악조건이라도 더 악착같이 커
서 맛이 있다지요.

질문 2

고전명작감상 시간에 받은 참신한 질문 하나.

"작가들의 일생을 보면,

벼슬에 나아갔다가 무슨 일로 파직당하는가 하면,

곧 다시 높은 관직에 오르기도 합니다.

관직 얻거나 이동하는 게 그렇게 쉬울 수 있다니,

그럴 수 있었던 까닭은 무엇인가요?"

취업난이 심각한 이 시대 청년의 눈에는 그 점이 필시 부러웠던 게지요.

순간 짠했습니다.

알고 있는 지식을 동원해 답변해 주었지요. 그 가운데 하나.

"조선시대 사대부들한테는 관직이 생계 수단이 아닐 수도 있었어요.

퇴계 이황, 교산 허균의 경우만 봐도,

이미 넉넉한 집안이라 관직 잃어도 끄떡없었지요.

그랬기에 임금에게 직언으로 상소문 올리기도…

마음에 안 들면 언제든 그만둘 수 있었죠."

답변하고 생각하니, 나도 부러웠습니다.

일정한 재산이 있어야 일정한 마음 유지할 수 있다는 맹자의 말.

여전히 진실입니다.

tolk ●●● **강문수 님**
신라 시대에는 진골 몇 십 명이, 고려 때는 호족 몇 백 명이, 조선으로 와서는 지방 토지 소유자들인 양반 사대부들이 나라의 부를 독점~
나름 방향성만은 부의 하향 평준화이었지만 일반 백성들에겐 그림의 떡~ 일제시대엔 수탈 당하느라 최악,
해방 후 남북한 공히 토지개혁 평등한 세상 오나 했더니,
북은 공산당 독재 김씨 일가만 피둥피둥 살찌고, 남은 어느새 시골 땅 서울 사람들이 사들이고, 나라의 부는 1% 재벌이 독식, 로쟈는 강의에서 이제 0.01%의 시대라고 하네요. 그들 사이에도 레벨이 다르다고~
나라의 부를 중산층에게도, 하층민에게도 나누어 보관해야 건강한 나라가 될 텐데~
(지금 미국 중산층은 부동산 사태로 박살나고 코로나로 저 세상 가는 시대)

원연희 님 ●●● tolk
우리나라 영남학파의 관직의 비율이 높음은 대가족 제도에 있답니다. 기호지방은 결혼과 동시에 분가를 시켜 재산이 나뉘게 되지만 영남지방은 몇대가 모두 모여살기에 집안 살림 걱정이 없어 하고 싶은 일을 할 수 있었다네요.

tolk ●●● **편무영 님**
토지 작가 박경리 살던 집 가보니. 당시로서는 저택. 호미 들고 땀 흘리는 사진도 사실은 저택의 푸른 잔디 가꾸던 호미..

배영동 님 ●●● tolk
벼슬 재임기간이 우리 생각보다 짧아요. 몇 개월에서 길면 2년 정도였더군요. 그러니 자리가 참 많아요.

막학기

"이번에 막학기로 복학하게 되는데, 열심히 잘 마무리하고 싶습니다!"

수강신청 마지막 날인 어제

내 과목 수강한 복학생이 보낸 카톡.

마지막 졸업 학기를 이르는 말 "막학기"

나도 대꾸.

"나도 막학기. 잘해 봅세."

마지막 학기 …

막 아무렇게나 하는 학기가 되어서는 안 되리라.

"첫 학기 때의 열정 + 34년 경험"으로

나도 마무리 잘 해야지 …

특히 이번에는 학생 하나하나 챙기려 힘써야지 …

30여 명만 듣던 '한국문화의원형' 과목만 무려 67명.

부담이지만 그래야지.

마지막 환송처럼 수강 신청해 준 마음에 보답해야지.

tolk ●●● **권순긍 님**
공감이 갑니다. 저도 작년에 마지막 1년을 후회하지 않게 보내려고 강의를 잔뜩 준비했
는데, 코로나로 모든 게 물거품이 되어 버렸던 기억이 납니다. 왜 정현종의 시 <모든 순
간이 꽃봉오리인 것을>에 보면 돌아보면 삶의 "모든 순간이 다아 꽃봉오리인 것을"이라
고 하죠. 막학기 뜻깊게 보내시길 바랍니다. 후회하지 않도록!

임치균 님 ●●● tolk
초심을 잃지 않은 유종의 미.

tolk ●●● **조방익 님**
응원합니다! 아름다운 사람, 복규 형~~♡

이주훈 님 ●●● tolk
환송 수강생들에게 평생 의미 가득한 명강의 되시길…

tolk ●●● **강문수 님**
오솔 선생님께 위대한 문학은 아리스토텔스의 처음 중간 끝을 잘 지켜야 한다는 강의
말씀 들었었죠.
형님의 마지막 강의에 응원의 말로 보탭니다.

해마

졸업논문 제출하러 인천에서 올라온 4학년 학생.

취업 준비는 어떤지 묻자, 공모전 준비 중이랍니다.

해마가 주인공인 작품.

해마?

싱가포르와 지중해 지역에 많았다는 바다 동물.

수컷이 임신하는 특이한 동물.

암컷이 수컷 몸속에 산란해 수컷이 낳는다네요.

정력제로 소문 나서,

중국인들이 특히 마구 잡아먹어 멸종 상태랍니다.

이 문제 고발하기 위해 작품 쓰고 있다는 것.

전 세계 해마의 생태에 대해서도 계속 조사하고 궁리해,

해마 전문 작가 되라 했습니다.

해마에 관한 한 이미 내가 배워야 할 처지.

후생가외. ^^

tolk ●●● **길지연 님**
멋진 사람
이런 귀한 사람 많았으면
취업도 본인 재능이나 능력 상관없이 유행 따라 가는 젊은이들.

한미숙 님 ●●● tolk
자기가 좋아하는 작품 잘 써서 좋은 결과 있길…

tolk ●●● **이수진 님**
헉. 해마도 먹는군요;;;; 진짜 못먹는 게 없네요.
아니. 안먹는 게 없다고 해야겠네요. ㅋㅋ

김미향 님 ●●● tolk
수컷이 임신하는 동물이 있었네요.
사람도 그랬으면 얼마나 좋을까요?

tolk ●●● **권미경 님**
젊은 세대가 지닌 정보와 아이디어는 정말 무궁 무진한 것 같습니다.

노연주 님 ●●● tolk
여의도63빌딩 수족관에서 처음 봤을 때 깜짝 놀랐던 기억이 납니다.
상상속의 동물이 살아 있더라구요 ㅎㅎ
시카고 수족관서 보곤 더 놀랬던 기억이… 상상외로 큰놈도 있고 화려하고 다양해서~~
해마

tolk ●●● **강문수 님**
불쌍한 해마!
검색해 보니, 생김새가 특이해 관상용으로 기르기도 유행.
그러나 사육이 까다로워 잘 죽는다네요. 이것도 해마 멸종 위기의 한 원인.

줌 강의

2020년 9월 24일

처음으로 줌 실시간강의 한 날.

녹화 강의로는 출결 확인이 불가능해 바뀐 것.

특강도 듣고 제자와 연습도 해 본 후 시작.

막상 해보니 만만치 않습니다.

혼자 말하고 있을 때 학생 하나가 일러줍니다.

"교수님 말소리가 안 들려요."

'음소거해제' 상태에서 말하면 되는 줄 알았으나 아니었던 것.

이해가 되지 않지만, '음소거' 상태에서 하니 정상화.

또 한 가지 문제가 발생했습니다.

따르릉 전화가 걸려온 것.

핸드폰은 무음으로 해 놓았으나, 연구실 전화기가 울릴 줄이야

…

강의시간에는 코드를 뽑아놓거나 해야 할 일입니다.

다음에는 또 무슨 일이 벌어질지 …

긴장의 계절.

talk ●●● **문창실 님**
웹에서 보여지는 상태는 '희망하는 상태'를 나타내는 것이라는 걸 저도 자주 오인할 때가 많습니다.

이선경 님 ●●● talk
ㅎㅎ 저도 줌 활용법을 계속 익히고 있는 중입니다. 유튜브에 줌 사용법 강의가 이거저거 많이 있어서, 찾아서 보면 도움이 많이 되네요. 공들여 공부할 가치가 있는 거 같습니다^^

talk ●●● **최내경 님**
갑작스런 연구실 방문을 막기 위해 문을 잠그고 강의하는데 계속 연구실 문을 두드리고 … 연구실로 전화하고, 참 이야기 거리가 많은 ~ 긴장된 행복의 순간입니다.

로쟈 이현우 님 ●●● talk
돌발 소음이 제일 신경 쓰이는 부분이더군요.

talk ●●● **양경순 님**
저도 겪은 일이네요. 줌 미팅 중인데 저희 어머니소리 TV소리 등 당황했답니다.

최고의 강의

"여러분 만나서 일생 일대의 경사.

지금까지 한 강의의 최고봉. 펄펄 뛰는 강의.

고맙습니다."

중견예술인들 앞에서 현장 강의한 원로 학자.

20여 분 강의에 30분쯤 토론 …

시작과 마무리에서 거듭 한 말씀.

처음으로 실기자들 만나 강의 토론한 즐거움.

말귀 알아듣는 사람들 앞에서,

하고픈 소리 맘껏 … 듣고픈 소리 실컷…

그게 너무 좋아 하신 말씀.

팔순 넘긴 노학자 그 고백 들으며 떠올린 말.

"내 생애 최고의 순간은 아직 오지 않았다."^^

tolk ••• **송찬구 님**
아!…. 말귀 알아듣는 사람과 이야기하는 행복!…

강석우 님 ••• tolk
매일매일을 인생의 절정기라고 생각하고 살려고 노력하고 있습니다.
그래서 내 삶의 모토를 "일상을 휴가 같이"로 정했습니다.
휴가지의 설렘과 호기심을 가지고 살려고요.

tolk ••• **이동순 님**
생애 최고의 순간은 늘 오늘입니다.

권순긍 님 ••• tolk
늘 최고의 순간이지요, 뒤돌아 보면 삶의 순간 순간이 모두가 다 꽃봉우리 아니겠습니까? 제자들을 만나 강의를 할 수 있다는 게 빛나는 축복이지요.
스페인에서 개최된 2020 철인 3종 경기에서 3위로 들어오던 영국 선수가 코스를 착각해 실수하자 4위로 들어오던 스페인 선수 멘트리다가 동메달을 포기하고 영국 선수를 기다려 양보하는 모습을 보았습니다. 이게 정말 생애 최고의 빛나는 순간이 아닐까요?

tolk ••• **간호윤 님**
돌아가신 은사님(외대 석일균 교수님) 생전에 - 내가 수업을 마치고 나오면 늘 만족하지 못한다했더니 은사님 말씀 "이 사람아 나는 정년 퇴임식장에서도 떨려 제대로 말을 못했어!" 강의 어려운 거지요.^^

한 사람쯤은

지난 학기 비대면강의,

시간마다 보고서를 이메일로 받았다는 이공대학 교수.

극히 일부 학생은 고마워했지만

전반적인 강의평가 점수는 많이 내려갔다네요.

"강의평가 점수 위해 과제 좀 줄이시죠."

그랬더니 하는 말.

"아뇨. 학생들의 실력 향상 위해서는 계속…"

소신파 그 교수한테 해 준 말.

"네. 한 사람쯤은 선생님같은 교수도 있어야죠."^^

tolk ●●● **구자천 님**
한 서너 분은 돼야~~ㅎㅎ
집단 내부에 소신파(꼴통)가 3% 이상은 되어야~~
비리가 판을 못칩니다.
혼자면 왕따~~ㅉㅉ

남궁인숙 님 ●●● tolk
지난 학기 제 친구도 빡세게 열심히 강의한 덕에 강의평가 최하위 받았다네요~^^

tolk ●●● **이동준 님**
의인 한 사람만 있어도…

하순철 님 ●●● tolk
공부 많이 시키면 강의평가 점수 하락하는 역설, 교수님들 갈등이 많겠습니다.

tolk ●●● **배영동 님**
맞는 말씀이죠. 간단하게라도 과제를 자주 내야 공부하고 실력 올라가요. 모든 것은 연
습으로 실력 향상…

박미례 님 ●●● tolk
그러다 강의 짤린 1인도 있음~~~~ㅎ

tolk ●●● **권대광 님**
수업은 웃겨야하고 과제는 줄여야하고 시험은 쉬워야 하고 성적은 잘 줘야하니 이게 무
슨 상황인가 싶습니다. 중고등학교 교사일 적에도 이보다는 소신있게 가르쳤던 것 같습
니다. 여러모로 슬픕니다.

절대평가

예전에는 절대평가였으나 상대평가로 바뀌어 있죠.

가장 안타까운 건,

우수한 학생 많아도 A학점 30% 이하만 줘야 한다는 것.

누군가는 B를 줘야 하죠.

코로나19 때문에 비대면 강의로 진행한 이번 학기,

시험도 온라인으로 치러, 예전처럼 절대평가하랍니다.

모두 우수하면 다 A 줄 수도 있다는 것.

하지만 채점해 보면 분명히 갈립니다.

오픈북으로 답안 작성하게 했으나,

강의 잘 듣고 소화한 사람만 풀도록 논술형 문제를 내서 그런지,

A 줄 만한 답지는 군계일학처럼 눈에 뜨입니다.

내가 써도 이보다 더 잘 쓸 수는 없다고 할 정도인 답지에서부터,

문제의 핵심 제대로 파악 못해 단편 지식의 나열에 불과한 답안

까지 …

첨삭해 돌려줄 생각입니다.

tolk ●●● **노연주 님**
교수님한테 A 받는 학생 궁금해지네요. ㅎㅎㅎ

강석우 님 ●●● tolk
강의는 힘들고 까다롭게 하고, 시험은 어렵게 내고, 점수는 후하게 주는 선생님이 인기
있는 선생님입니다.
공부는 힘들게 열심히 하게 하고 시험 점수는 후하게 주는 거지요.

tolk ●●● **권대광 님**
저는 이번처럼 f를 많이 준 적이 없습니다. 애들이 반수를 하려고 작정하고 이러는지 아
니면 제가 잘 못 가르쳐서 그런건지… 좋은 말씀 감사합니다.

하순철 님 ●●● tolk
대학교수의 학생 평가도 자율성과 거리가 있네요.

오픈북 시험

한시적일 줄만 알았던 비대면 강의…

한 학기 내내 연장해 끝나갑니다.

기말고사는 어떻게 할 건가?

대학마다 벌써부터 고심들 합니다.

시험만은 출석해 치러야 한다는 주장

시험도 온라인으로 해야 한다는 주장

팽팽합니다만 나는 온라인으로 볼 겁니다.

오픈북 시험.

모든 자료 활용해 제한 시간 안에 작성해서 제출하기.

몇 년 전부터 이렇게 해 재미 붙인 시험.

베낄 수 없는 문제.

강의 듣고 교재 읽어야 쓸 수 있으나 답은 정해지지 않은 문제.

창의력, 논리력, 종합력, 응용력, 표현력 있어야 제대로 쓸 수 있
는 문제.

개발하기 만만치는 않습니다.

암기 능력으로 대학 온 학생한테는 불리하죠. ^^

tolk ●●● **김영수 님**

학생들은 뭣도 모르고 처음에는 좋아하다가 시험보고 나서는 고개를 설레설레 젓는 시험이지요.

암기 시험에 익숙한 친구들에게는 거의 고문(?) 수준이니 출제 방향이나 윤곽은 설명해 주는 게 좋습니다.

권성로 님 ●●● tolk

꽤 오래 전에 서울대학교에서 나온 논문. "누가 서울대에서 A+을 받는가?" 그 논문에 따르면 그 학생에 그 교수였다는 것… 암기력이 빼어난 학생이 A+를 받았다죠. 강의 때마다 맨 앞자리에서 꼬박꼬박 엉뚱한 질문하고 열강한 학생은 C학점 이하였다지요.

그 기준을 미국 대학에 의뢰했더니 한국의 A+는 낙제점, C는 A+였다지요.

연구한 교수가 망설이고 망설이다가 공개한 논문을 EBS에서 편집 방송했었습니다.

tolk ●●● **강문수 님**

오픈북 시험 본 경험

국제대 시절 성함이 생각나지 않는, 언어학 선생님의 시험을 오픈북으로 난생 처음 치렀던 적이 있었죠.

그런데 그게 그리 만만한 것이 아니었죠. 공부가 시원찮으면 책만 뒤적이다 끝!

김기서 님 ●●● tolk

강의노트 한 권으로 정년까지 단상에 섰던 전설도 이젠 회자되지 않는 시절. 학문과 후학양성의 접점을 찾는 데 있어 코로나발 교육현장붕괴는 어쩜 전화위복의 기회 ^^*

tolk ●●● **배영동 님**

좋습니다. 저는 평소에 그렇게 했는데, 이번에는 과제로 대체합니다. 과제를 그렇게 내니깐 확실한 변별력이 생기더라고요.

강석우 님 ●●● tolk

제가 지도하는 방송대 스터디그룹에서도 6과목 중 4과목은 리포트시험 2과목은 오프라인 기말시험이었는데 전과목 리포트시험으로 대체된다고 합니다.

원격수업

코로나19 때문에 개강 연기 중인 대학.

마냥 그럴 수 없어 16일부터 원격수업합니다.

교수가 녹화해 올린 것 집에서 보기.

그 바람에 강의자료 따로 만들어 화면에 띄우느라 분주.

교재 안 봐도 되게 해야 하니 신경 많이 쓰입니다.

대면수업과의 뚜렷한 차이 2가지.

첫째, 대면 수업과 달리 잡소리 들어갈 수 없어 아주 빡빡.

어떤 교수는 첫 시간 실컷 녹화하고 보니 기껏 9분 …

나머지 시간은 스티브 잡스 동영상 보게 했다고 …

젊은 교수들은 얼굴도 보이는 등 멋지게 편집.

왕 부럽 . ^^

둘째. 학생의 눈 대신 노트북 화면만 보며 말하는 게 영 어색 뻘쭘.

누가 보면 미쳤다고 할 만. ^^

마감일 밤 11시에야 겨우겨우 제작 완료해 탑재하고 택시로 귀가.

그나마 후배 교수 도움 없었으면 수업료 반환할 뻔. 고달픈 60대.

학생들 눈망울 보며 하는 대면 강의.

아 … 그리워라.

talk ●●● 배영동 님
실감나게 쓰셨어요. 질문에 답 올리는 것도 몇 시간 걸려요. 말로 하면 쉬운데, 글로
하자니 불편하고 더 힘들죠.

이수진 님 ●●● talk
아⋯. ㅠㅠ 저희 남편도 서강대 강의하는데⋯. 저걸 어찌 준비해야 하나⋯
걱정이더라고요⋯

talk ●●● 권대광 님
저도 카메라 앞에서 혼잣말 하려니 횡설수설하네요. 코로나가 밉습니다.

김기서 님 ●●● talk
원망이 희망으로.
덕분에 익혔을 화상제작의 기초. 앞으론 척척. ^^

talk ●●● 박태롱 님
학생들 눈망울 보며 교감하는 게 정말 그립네요. 절대 공감입니다.

송경진 님 ●●● talk
교수님 강의는 현장감이 최곤데 학생들도 아쉽겠어요. ㅠㅠ

talk ●●● 길지연 님
젊은 작가들은 사진 그림 등 멋지게 만들어 화면에 띄우며 강의를 해요.
눈요기도 하고 재미있고 말도 적당히 하고 저처럼 망손에 나이 먹은 강사는 오로지 말
로만 하니 초등학생들 지루해하고 산만한데
1학년~6학년까지 모아놓고 교사 학부형까지 다 부르고 하라면 최악이에요.
1학년과 6학년의 차이가 큰데 어쩌라고. ㅜㅜ

중간고사 출제

막학기 중간고사 기간입니다.

어떤 문제를 낼까?

새로운 시도를 했습니다.

"그대가 교수라면, 어떤 문제를 낼 것인가?"

한 개씩 문자로 보내라고 했습니다.

논술형과 단답형.

열심히들 보냅니다.

학생들은 무엇을 중요하게 느끼는지 알 수 있습니다.

이미 출제해 놓았지만

충분히 참고해 다듬어야겠습니다.

쌍방통행 … 소통하는 출제?^^

tolk ●●● **남연호 님**
저도 이번 학기말 마지막 시험문제 출제 때는 그 방법을 차용하겠습니다.

구영회 님 ●●● tolk
지방에서 자취하는, 제 부록2호도 오늘부터 시험이라고 하더군요.
밤새 학교에서 밤새고, 시험보러 조금전에 집에 들어오는 길이라고 하더라구요.
"그럼 시험은 오픈 북이겠네? 스텝이 옆에 있음 좋겠다. 옆에서 가르쳐주고…ㅎㅎ"
하고 물으니 … 헛웃음 웃고,
"캠켜놓고 시험봐요~"
코로나가 만들어낸 이 상황에 또다른 모습이네요.
시험보는 날 긴장에 모든 것에 신경 예민해졌던 잠깐의 기억이 급히 떠오르더라구요.
(미처 살피지 못한 부분이 더 많아서 … 걱정이 태산이었죠ㅎ)

tolk ●●● **이동준 님**
어느 철학과 교수. ~시험 출제지 뒷면에 '인생관을 쓰시오.'라 하였더니 어느 여학생이
적기를, "선생님이 남의 인생 관을 알 필요 없음~".

김기서 님 ●●● tolk
모두가 행복한 출제?! 다수가 만족할 출제(굿)

tolk ●●● **박현옥 님**
맞아요. 제가 중학교 때 국어 쌤에서 25문제를 만들라해서 그 중 23개가 제문제가 나와
문제훔쳐 본 느낌
놀란 기억!! 그래도 그 의미 알아 전 30년째 가끔 써 먹어요. 좋았던 거 같아요.

배영동 님 ●●● tolk
막학기까지 빛나는 교육자.

tolk ●●● **이주훈 님**
대학교육이, 교수가 바뀌면 대한민국 교육이 바뀝니다. 집안에 아버지가 바뀌면 바뀌듯
나도 오늘 쌍방통행하는 날 되어야겠네요.

5 *five*

괜찮아! 참새가 포로롱 :

종교와 신앙, 살아볼 만한 세상

소소하고 찬란한 하루

당신은

부활절 오후에, 지인 부부와 함께 본 다큐.

〈부활〉

고 이태석 신부 10주기 기념작.

불교 신자 감독이 〈울지마 톤즈〉 이어 만들었다는 작품이죠.

눈물 훔치며 보고 나오다가, 지인한테 그 부인이 한 말.

"당신은 그렇게 하지 마.

나 하나만 지켜 주면 돼."

위험하고 가가난한 아프리카 남수단에 가서

모든 걸 바치다 세상 떠난 이 신부 …

행여 남편이 함부로 따라 할까 봐 말린 거죠. ^^

예상치 못한 그 말에, 나랑 한참 웃다가 지인이 하는 말.

"우린 그러기 어렵지. 처자식 없는 신부니까 가능한 일."

이태석 신부처럼 살기는 힘든 우리 …

가족 돌보며, 각자 할 수 있는 일로 봉사하다 가면 되겠죠?

tolk ●●● **김영수 님**
음, 대단하신 분!
그 제자 중 하나는 유학 와서 우리 성당에 다님!
열심히 미사 빠지지 않고 기도하는 모습에 용장 밑에 약졸없다는 생각을 하게 됨!

권순긍 님 ●●● tolk
그래도 기독교 신자라면 이웃의 삶을 조금은 돌아봐야 되지 않을까요? "네 이웃을 네 몸처럼 사랑하라."하셨으니. 국문학자 중에 신학대를 나오고 다시 국문과에 학사 편입해서 박사까지 받으신 분이 있습니다.(이름은 밝히지 않겠습니다.) 그 분 아버님도 목사고 장인 어른도 목사예요. 해서 목사안수를 받으려 하니 그 부인이 말하길 "아버지도 목사고 시아버지도 목사니, 오빠는 제발 목사 하지 않았으면 좋겠어."
어릴 때부터 목회를 하는 게 얼마나 힘든지를 보아 왔기 때문이죠. 그 분 지금 서울의 모 대학 교수로 이웃들의 삶을 보살피느라 열심히 활동하고 있습니다.

tolk ●●● **이수진 님**
ㅎㅎ 저 결혼할 때 혼배성사 봐주신 신부님이 하셨던 말씀이 "저희는 결혼하시는 분들이 가장 존경스러워요." ^^
실제로 신부님으로 계시다가 결혼을 하신 분들의 생활은 좋지 않았던 경우가 많더라고요 … ㅎㅎ;;

강문수 님 ●●● tolk
아침톡 읽어 주자,
아내 왈
"가정을 지키는 것도 애국하는 길이야."

tolk ●●● **김진영 님**
한알의 씨앗이 정말 많은 열매를 맺는 위대하신 분인 것 같아요. 고맙습니다 ~~

모스크에서 입 닦기

연꽃 문양의 전파 양상 연구하는 편무영 교수.
최근 터어키 이스탐불과 불가리아 다녀온 이야기.
두 곳 모두 이슬람사원인 모스크가 있어 들어가 봤다죠.

모스크마다 물이 있어
들어가기 전 입부터 닦게 한다네요.
세상에서 거짓말한 입이니 씻고서 기도하라고 …
(물론 더 넓은 의미의 정화를 상징하겠지만요)

누구나 예외 없이 입 닦게 하는 걸 보면,
거짓말 않고 사는 사람은 없다고 보는 모양.
의인은 없나니 한 사람도 없다는 신약과도 상통하는 듯 …
가톨릭 성당에도 물이 있지만 손 씻는 용도는 아니고,
신부가 축성한 그 물 찍어
머리, 배, 양 가슴에 바르며 성호 긋는다죠.

개신교 예배당에서도
입이나 손 씻고 들어가 기도하고 예배하게 하면 어떨는지? ㅎㅎㅎ

tolk ●●● **김시덕 님**
전통사회 의례 절차에는 본격 의례를 행하기 전에 관드시 관(대야관)洗禮라는 것이 있어 손을 씻도록 되어 있죠. 모스크의 입닦는 의례는 꼭 거짓말한 입을 닦는다는 의미보다는 오염된 몸을 정화하는 관세와 같은 의미로 볼 수 있습니다.

이수진 님 ●●● tolk
ㅎㅎ 성당은 미사 들어가기 전에 성수를 손끝에 묻혀 성호를 그으면서 '주님, 이 성수로 저의 죄를 씻어 주시고 마귀를 몰아내시며 악의 유혹을 물리쳐 주소서. 아멘.'이라고 기도해요.
의미가 비슷해요..

tolk ●●● **주칠성 님**
ㅎㅎㅎ
입과 손뿐만 아니라 마음을 정결케 하는 세척기 같은 레이져기기를 설치하면 어떨까요?
출국할 때 검사대를 통과하는 것처럼~~ㅋㅋㅋ

영화 〈부활, 그 증거〉

재상영 중인 다큐 영화 〈부활, 그 증거〉.

힌두교와 기독교 성지 찾아다니며 죽음 문제 성찰한 다큐입니다.

힌두교에서는 죽은 후 완전 소멸을 바라고 믿음.

삶은 고통, 윤회도 고통의 지속으로 보아 해탈만이 답이라고 …

인도 바라나시 화장 현장의 생생한 확인.

모두 해탈하는 것은 아니며, 대부분 윤회한다고 보는 불교와는 달랐습니다.

기독교는? 죽음이 끝이 아니라는 점은 불교와 공통이나 부활한다고 …

다른 존재로의 윤회 환생 아니라 영혼과 육체가 함께 부활(변화) …

그걸 예수가 실증해 보였다는 것.

예수 처형 후 도망친 제자들이 40일 후 목숨 걸고 부활을 증언한 정황 증거,

이 때문에 기독교가 오늘까지 이어지고 있다는 것 …

로마 카타콤 지하묘지 겸 은신 예배처 현지에서 음미.

그 부활을 믿기에,

암 투병하면서도 밝게 살아가는 환자들 이야기로 마무리하는

다큐 영화.

한번 볼 만합니다.

tolk ••• **구미래 님**
기독교에서는 화장해도 몸의 부활에는 지장없다고 여기는지요?

진영란 님 ••• tolk
이 모습 이대로 하늘나라에서 말이죠?

tolk ••• **권순긍 님**
좋은 다큐 소개해 주셔서 감사합니다. 찾아서 봐야 겠어요. 우리 나이가 되면 이제는 '웰
다잉(well dying)'을 생각해 봐야 겠지요. 아침에 잠에서 깨어나면 오늘도 살아있음에 감
사합니다. 날마다 부활하는 셈입니다. 오늘 하루 저에게 생명을 주셔서 감사합니다!

강석우 님 ••• tolk
한번 보고 싶습니다.
성경을 읽으면서도 예수님의 죽음과 부활, 그 이후 사도 바울을 비롯한 예수님 제자들
의 선교와 순교가 인상적이었습니다.

양 냄새 나는 목자

프란치스코 교황의 어록 중 하나.

"양 냄새 나는 목자"

참 목자를 표현한 말이라죠.

가톨릭 평신도 사역자 주원준 박사가 소개한 그 말.

참 멋집니다.

양떼 돌보느라 양 냄새가 몸에 배어버린 목회자.

이를테면 〈울지 마 톤즈〉 이태석 신부 같은 …

장로, 권사, 집사 얼굴도 몰라본다는 대형교회 목사들은

애시당초 불가능할 …

3년간 열두 제자와 함께 먹고 자며 지낸 예수님에게서도

그런 냄새 났겠죠. 아마.

학생 냄새 나는 선생

환자 냄새 나는 의사

억울한 피고인 냄새 나는 변호사와 검사와 판사

국민 냄새 나는 정치인과 공무원 …

우리가 꿈꾸는 세상 … 이런 거겠죠?

tolk ●●● **이수자 님**
멋진 글이네요.(최고)

박용규 님 ●●● tolk
거름 냄새 나는 농부와 비린내 나는 어부도 있답니다. ㅎ

tolk ●●● **이주혼 님**
그런 세상 만드시려고 이 땅에 몸소 오셨겠지요.
이 아침 각자에게 필요한 메시지입니다.^^

권순긍 님 ●●● tolk
전적으로 동감입니다. 자신의 이기심 때문에 신자와 환자와 제자와의 진정한 소통을 차
단하는 것이지요. 신자와 환자와 제자를 그저 목적이 아닌 수단이자 대상으로 전락시킨
결과입니다.

tolk ●●● **전무용 님**
1995~2005년 개신교 마이너스 0.9% 성장 두고 논란이 많았는데, 같은 시기에 가톨
릭은 260% 성장했습니다. 이번 여름 코로나 사태 지나면서, 개신교 인구는 또 상당히
줄어들 것으로 생각이 되네요. 부끄럽지만, 세상에 양 냄새가 너무 없는 것 같아요.
그 당시가 명동성당이 민주화의 성지처럼 떠오를 때고, 개신교 부모들이나 지도층에
서는 자식들이나 교회 청년들 민주화운동에 끼어들까봐 단속하느라고 정신 없을 때였
지요. 그로부터 20년쯤 지난 셈인데, 일부 교회들이 이단이나 마찬가지 수준으로 사회
의 지탄의 자리에 씩씩하게 서면서 교회 전체에 대한 민심이 아주 싸늘해지고 있네요.
아프네요.

빛이 들어오니

비 오다가 활짝 갠 날.

식탁에서 아침밥 먹던 가족.

갑자기 일어나면서 하는 말.

"빛이 들어오니, …"

그러면서 진공청소기를 꺼내 듭니다.

자세히 보니

빛줄기 속에 드러난 바닥의 먼지들.

성경에 이런 대목 있죠.

"주님, 저를 떠나소서.

저는 죄인입니다."

예수 말대로 하여 물고기 많이 잡히자, 베드로가 고백한 말.

아마도 이런 순간 아니었을지.

거룩한 분 앞에 부끄러운 자신의 민낯!

tolk ●●● **이주훈 님**
할머님 말씀 생각이 나네요.
겨울에 하얀 눈이 쌓인 벌판을 보시면서, 예수님의 십자가 은혜로 나의 검은 죄를 용서
하셔서 하얗게 변화시켜 주신 것 생각하신다는 말씀을….
갑자기 뵙고 싶네요

권대광 님 ●●● tolk
평소에는 허물을 모르고 살다 거룩함을 앞서 두고는 다 벗은 듯한 부끄러움이 더러 생
깁니다. 아침에 저를 돌이켜 보았습니다. 좋은 말씀 감사합니다.

tolk ●●● **배영동 님**
거룩한 빛, 드러나는 티끌.
환히 볼 수 있는 성스런 눈, 보잘것 없지만 오염된 군상들.
그 대비가 놀랍게 다가오네요.

윤세민 님 ●●● tolk
빛 앞에 민낯.

tolk ●●● **정순우 님**
아름다운 글입니다. 윤동주의 헌신?

바늘귀

"부자가 하늘나라 들어가는 것보다 낙타가 바늘귀로 들어가는 게 더 쉽다."

예수님 말씀.

이 구절에서 재미있는 "바늘귀"란 우리말 표현.

다른 나라 말로는 어떤지 아세요?

히브리어, 그리스어, 한문, 일본어 성경에서는 "바늘구멍"

영어 성경에서는 "바늘눈(eye of needle)"

중국어(백화문) 성경에서는 "바늘눈(침안)" 또는 "바늘코(침비)".^^

우리만 "귀"… 듣는 문화.

청각을 중시하는 문화라는 걸 반영하는 듯.

우리도 처음엔 외국 따라 "구멍"으로 직역하다 1938년 개역본부터 "귀"로.

가톨릭용 공동번역본에서는 여전히 "구멍".

BTS를 비롯해 음악 한류의 강세 현상, 우연이 아닌 듯.

귀 밝은 민족이니 말 조심할 일. 특히 막말 조심. ^^

tolk ●●● **구자천 님**
참선비들은 상대 말이 끝나야 말을 했는데~~ ㅜㅜ
요즘에는 듣지도 않고 자기 말만 하니… 목소리만 커지고 각자 자기 갈길만 열심히 가
더만~~ㅉㅉ

김혜경 님 ●●● tolk
관찰의 귀인이시군요.

tolk ●●● **강문수 님**
입은 하나 귀는 둘이니 말조심 하고 잘 들어야 하거늘~
경문왕처럼 귀가 길어질 정도로 노심초사하는 정치적인 귀도 있는데,
요즘 정치인은 막말로 망한 자 수두룩~
허유는 왕되라 하니 귀 닦았다죠.
더러운 말 들었다고~

조방익 님 ●●● tolk
문화를 반영한 좋은 분석입니다. 바늘구멍에서 바늘귀로 바뀌었군요.
성경은 무오류이니 글자 한 자도 바꿀 수 없다고 하는 목회자들이 귀담아 들었으면…

tolk ●●● **강석우 님**
저도 의아하게 생각했었습니다. eye를 귀로 번역한 것을 ..
위치로 봐도 눈이 적합할 것 같은데요. 그러한 과정이 있었네요. 감사합니다.

배영동 님 ●●● tolk
"바늘귀" 참 좋은 말이죠. 이런 것에 한국인의 인식과 가치가 배어 있죠.
작지만 선명한 바늘귀에 좋은 실 꿰어 옷깃고 이불지어 살았죠. 바늘귀란 말에는 바느
질하면서 묵묵히 귀로 듣고 새기며 내면화 한 여성들의 삶의 지혜가 담겨있군요.
꿰는 실과 꿰이는 바늘귀는 양과 음의 관계. 음과 양이 서로 상응해야 결실이 있듯이, 바
늘과 실의 관계는 불가분의 전형으로 회자되곤 했죠.

tolk ●●● **곽신환 님**
토를 라이프 보만이 히브리적 사유와 그리스적 사유를 대비하며 듣는 문화와 보는 문화
로 정리 "듣는 문화는 경건", "보는 문화는 미(美)"라고 했지요.
요즘 한국 젊은이들은 듣기보다 보는 것을 더 좋아하는 듯.

나태주 시인

기독교방송 대담 프로에 출연한 나태주 시인.

젊은 분인 줄 알았더니 70대 후반.

〈풀꽃〉도 풀꽃 보고 쓴 게 아니라네요.

교장으로서 미운 짓 하는 학생들 어떡하면 품을 수 있을까

궁리하다 해답으로 쓴 시.

가까이 보아야 예쁘고, 오래 보아야 사랑스런 들풀의 꽃처럼,

문제아들도 그렇게 끌어안았다는 말씀.

시는 하소연이며 고백이라는 나 시인.

10대에 짝사랑한테 버림받아 시인 되고,

그 10년 후 넉넉한 부인 만나 남편 되었노라

쑥스럽게 고백하는 노시인.

처음엔 한 여자한테 보내는 하소연과 고백이었으나,

이제는 모든 사람한테 띄우고 있다네요.

환갑에 쓸개 터져 죽어갈 때,

간호하던 아들이 사흘 내리 '아버지!' 부르는 외마디 소리 듣고

깨어났다며

하나님께 감사하는 나 집사님.

봄 돌아와 활짝 피어난 저 들풀의 꽃처럼,

은은한 시의 향기, 오래오래 멀리멀리 풍기다 가시길 …

tolk ●●● **김은주 님**
함축된 몇마디에 어찌 그리 마음 전체를 표현할 수 있는지 놀라운 언어의 힘을 느낍니다.
우리는 사실 너무 장황스럽게 말을 많이 하고 사는 것 같죠.
이분의 풀꽃 씨리즈 참 좋아했었죠.

이종건 님 ●●● tolk
인생이 바로 시인 시인이시네요.

tolk ●●● **하순철 님**
시작 동기가 더 아름다운 시 풀꽃이네요.

송찬구 님 ●●● tolk
같은 동향 서천 사람 나씨 집성촌 사람이고 공주문화원장 했던 나태주시인님! 충대 인
문학 강의 때 와서 한번 듣기도…

tolk ●●● **김기서 님**
은은한 아침글의 향기 오래오래 멀리멀리 풍기시길 바랍니다.

강석우 님 ●●● tolk
나태주 시인! 저도 좋아하는 시인입니다.
주옥같은 찬불가 가사를 많이 쓰셨지요. 기독교 집사님이 되셨다는 사실에 놀랐습니다.

tolk ●●● **강문수 님**
나태주 시인의 시를 수업 시간에 다루기도 했었죠.
대부분 엎어져 자는 녀석들, 가산점 필요하다며 국어시간에 수학하는 놈, 사회과목 문제
푸는 놈들 틈바구니에서 소수의 국어 필요한 아이들을 위한 수업이었죠.
어떤 반은 수능 점수 필요한 아이가 한 명도 없어 수업 불가능.

못난이?

"못난이가 아닌 대견한 과일로 바뀝니다."

우리 동네 한살림 농산물 가게.

크기나 모양이 부족하지만 맛은 괜찮은 과일.

이것만 따로 갖다 놓고 팔면서 홍보한 문구입니다.

못난이가 아니라 대견한 …

햇빛 덜 받았거나 벌레에 시달리면서도 살아남은 녀석들.

악착같이 당분을 만들어 제 맛을 내고 있는 녀석들,

대견한 놈들

맞습니다.

대견한 사과 한 봉지 샀습니다.

tolk ••• **김현서 님**
눈에 보이는 것이 다가 아닙니다.
보이는 것 너머의 것을 볼 수 있는 이것이 심안이고 영안이겠지요~~

송찬구 님 ••• tolk
나도 한살림 가봐야겠다.

tolk ••• **이명희 님**
못난이가 더 귀하고 맛있대요.
비바람 다 맞고 견디며 열매를 맺어 사명을 다한 거니까요.

하순철 님 ••• tolk
사람 중에서도 이런 멋있는 사람 많지요. 외모 비해 훌륭한 사람들.

tolk ••• **원연희 님**
저도 대견한 과일 사 먹고 있습니다^^ 과일 농가분들의 노고에 죄송하고 감사한 마음
으로. ^^~~

강문수 님 ••• tolk
태풍에 떨어진 과일 잼 만들어 팔고, 늘 같은 가격으로 수매해서 농부들이 안심하고 농
사 짓게하는 한살림 운동.
30여년 전, 처음 무위당 장일순 선생 알게 되었을 때 감동 받아 한살림 회원 되었었죠.

tolk ••• **김의정 님**
대견한 과일, 존중합니다. 산림청 홍보문구도 "못 생긴 나무가 산을 지킨다"인데요, 산
의 나무도 목재나 관상용으로 규격화되면 재해에 취약하답니다. 뭐든 자연스런 게 좋은
거…
요즘은 꽃도 너무 이뻐서 이질적인 느낌이 들기도 해요. 어릴 때 동네 담장 에서보던 수
수한 분꽃, 과꽃이 그리워져요.

구자천 님 ••• tolk
벌레먹은 흔적이 있는 거 그게 일등품이라네~~
맛이 좋아 흠이 난 것!!! 가인박명이랄까~~ㅎㅎ

메밀뜨락

"휠체어 타고 다니다 이제는 걸어요."

아현시장 입구에 있는 메밀국수집 주인장 말씀.

30년 전 뇌경색으로 쓰러져 휠체어 신세.

그때부터 아내가 해주는 현미밥 먹어 나았다네요.

숱한 병원과 한의원 다녔으나 백약이 무효.

아내 현미밥 덕분이라며 부인 자랑합니다.

들어보니 단순한 현미밥이 아닙니다.

현미찹쌀, 현미, 귀리, 좁쌀, 콩, 팥, 보리, 흑미 …

몇 년 전까지 지팡이는 짚었으나,

그것마저 버렸답니다.

현미밥으로 서서히 회복되었다는 말씀.

음식 중요성 알아,

국수집 모든 식재료는 대부분 국내산.

그중에서도 최고급만 쓴다네요.

간장도 6만 원짜리 샘표 최상급.

명함에 그 사실 강조해 홍보하랬더니 여주인장 말씀.

"먹어본 분들은 알고 다시 와요."

단골들만으로도 충분하다는 말씀.

장사도 이렇게 욕심 없이 양심적으로 하면

더 이상 장사가 아닌 듯.

tolk ●●● **강석우 님**
우리 몸의 세포는 우리가 먹는 음식과 마시는 물에 의해서 결정된다고 합니다. 먹고 마시는 것을 잘 관리하는 것이 건강을 지키는 길!

전무용 님 ●●● tolk
ㅎㅎ 못 참고 검색해 봄. 아현시장 검색하고, 국수 검색하고, ㅎㅎ

tolk ●●● **김은주 님**
현미 좋은 식품이지요 그러나 짓는 이의 정성과 받는 이의 깊은 신뢰 이 세박자가 만들어낸 결실일테죠.

강문수 님 ●●● tolk
진정한 장사~
작은 부처님~
큰 깨달음~

tolk ●●● **원연희 님**
식단 조절만 잘하면 건강을 유지할 수 있다고 하지요. 좋은 먹거리를 사용하시는 양심적인 분들을 만날 수 있음도 축복입니다.^^

이종주 님 ●●● tolk
이형… 이 글을 퍼서 날렸더니…. 어느 집이고 가격이 얼마냐고 질문이 왔어요… 메밀국수집. ㅋㅋ

넘어지면

다리 없이 태어난 아이 김세진

네 살 때 데려다 길렀다는 어머니 이야기를 세바시에서 합니다.

피노키오 다리지만 없는 돈 다 털어 걷게 해 준 어머니

사정 없이 바닥에 넘어뜨리더라죠.

6개월 넘어지고 나서 깨쳤다죠. 일어나는 법을.

그때서야 말씀하더라죠.

"세진아, 일어나 걷는 게 중요하지 않아.

넘어졌을 때 일어날 줄 알아야 해. 그래서 …"

하나 덧붙인 말씀.

"너 혼자 일어날 수 없을 때 도와달라고 할 수 있는 게 참 용기란 다."

어떻게 태어났느냐보다 어떻게 사느냐가 더 중요하다는 말씀.

그대로 살아 국가대표인 세진 씨.

그 어머니에 그 아들, 그 아들에 그 어머니.

보는 이마다 울게 하는 …

세바시(세상을 바꾸는 시간 15분) 365회.

tolk ●●● **강문수 님**
애고!
문제아 뒤엔 문제부모가 꼭 있었는데, 역시 김세진군 뒤엔 대단한 엄마가 있었네요.

구자천 님 ●●● tolk
박수~~
엄청난 모성애!!!
내가 젤 부러워하는~~

tolk ●●● **이희주 님**
울림이 너무나 큰 내용입니다.

신대섭 님 ●●● tolk
위대한 사랑의 힘.

tolk ●●● **이동준 님**
천사 어머니
성모이시네

강석우 님 ●●● tolk
인간이 얼마나 위대해질 수 있는지 생각해봅니다.

tolk ●●● **하순철 님**
친부모도 버린 장애인을 정상으로 기른 어머니, 어머니는 가장 훌륭한 스승입니다.

아이스 와인

캐나다처럼 추운 지방에서 재배하는 포도.

어쩌다 수확 시기 놓쳐 한데서 언 채로 겨울 난다죠.

그러면 건포도처럼 수분은 증발하고

당분만 응결한 상태로 혹독한 추위 속 얼기 …

그걸로 만든 포도주

아이스 와인

꿀맛이라네요.

때로 고통에 던져지는 우리 인생도,

그럴 수만 있다면 견딜 수 있으리 기꺼이.

와인도 맛 몰라 안 마신댔더니,

술 즐기는 김문선 교장이 알려준 정보.

많이 비싸다는데 한번 마셔 볼까 말까 …

그러다 맛들이면 어쩌나 …

고민 중입니다. ^^

tolk ●●● **어정희 님**
아이스와인 달콤합니다. 한국 들어갈 때 한 병 들고 가겠습니다. 교수님.
최운식 은사님 ●●●
캐나다에 갔을 때 아이스와인을 제조 판매하는 곳에 들러 시음도 하고, 사서 가져오기
도 했어요. 값이 무척 비싼 대신 맛은 정말 좋더군요.
아이스와인을 만드는 재료는 수확 시기를 놓친 포도가 아니고, 일부러 따지 않고 두었
다가 따서 쓴답니다. 계획에 따른 것이지요.
처음 시작은 수확시기를 놓친 포도 처리 방법을 생각하다가 만들었는지 모르겠네요.

이항석 님 ●●● tolk
제가 살던 나이아가라 폭포 인근 지역이 세계적으로 유명하죠. 지금도 멀지 않은 곳에
살고 있습니다. 한번 오십시오! ㅎ

tolk ●●● **권순긍 님**
아이스 와인과 비슷한 것이 '귀부와인'입니다. 포도에 곰팡이가 피어 버릴까 하다가 아
까워 그걸로 와인을 만들었는데 맛이 기막힙니다. 제가 1년간 객원교수를 지내며 머물
렀던 헝가리에 '토카이 (TOKAJI)' 와인이 있는데 루이 14세가 그 맛을 보고 '와인의 왕'
이라 불렀답니다. 우리 인생도 그렇게 얼고, 곰팡이도 피고, 때로는 버려지기도 해야 기
막힌 맛을 내는 거겠죠.

김영하 님 ●●● tolk
예수님의 사역은 술로 시작하여 술로 생을 마감했다지요.
첫 기적은 가나 혼인잔치에서 물로 포도주 만들기.
돌아가실 때 성만찬 제정할 때도 포도주로 유언을 남기고… this is my blood.
숨 거두기 전 목이 마르다 하시니 해융에 포도주를 적시어 입에 대어 주셨으니 술로
생을 마감.
마르틴 루터는 집에 양조장이 있었다지요.
금주금연운동은 한국 크리스찬만. 일제강점기에 술담배가 일본 정부의 전매업. 일본 정
부 망하도록 금주금연 운동했다지요.

tolk ●●● **정종기 님**
손윗동서가 이삿짐 정리하다가 포장된 우산 같은 걸 두 개 저더러 쓰라고 줍데다. 집에
와서 뜯어보니 작은 술병이 나오더군요. 술맛도 모르면서 맛있게 마셨는데, 그게 아이스
와인이라면서 나중에 동서가 땅을 쳤답니다.

그나마

태어날 적부터 심장판막이 좋지 않아 7tp에 인공심장 이식 …
한쪽 눈 시력만 조금 남은 청년.
아버지 손을 잡고 상담받으러 왔더라죠.
이런 저런 고충 털어 놓다가 그러더라네요.
"그나마 감사한 것은 …"

예기치 못한 그 말.
절망적인 몸 가진 사람의 입에서 그런 말이 나올 줄이야 …
상담하던 분이 오히려 감동했다는 그 한마디.
어쩌면 그 청년을 살아가도록 여태 버텨주고 있는 …

tolk ●●● **김기서 님**
삶을 앞으로 나아가게 하는 건 긍정적 사고. 오른쪽 어깨관절에 이상이 생겼어요.
그나마 다행인 건 왼쪽 어깨는 아직(?) 이상무. ^^

길지연 님 ●●● tolk
돌아보면 모든 것이 감사한 삶….
예수님 마음 닮아 살아가는 청년에게 사랑과 평화를.

tolk ●●● **한미숙 님**
항상 감사하고 살아가는 천사였네요…

전무용 님 ●●● tolk
제 기운만큼 꽃잎 두 닢만 만드는 달개비.

tolk ●●● **유영직 님**
숨만 붙어 있으면~~^~~
그저 감사하답니다.

김은주 님 ●●● tolk
원래 가진 자들이 더 가지려는 욕심에 만족이란 게 없고 심령이 가난한 자들은 감사할
게 더 보이니까요.

tolk ●●● **구자천 님**
아직도 신에게는 열두 척의 배가~~ 심쿵!!!!!!

인순이 노래

〈거위의 꿈〉. 인순이 노래인 줄로만 알았더니
남의 노래 리메이크한 거라죠?
엊그제 TV 보다 비로소 안 사실.
신곡 발표 말미에, 청년들 위해 한번 불러본 건데 기립박수…
17년째 사랑받고 있다네요. 대표곡.
그 노래,
나직히 말하듯 읊조리는 걸 듣다가 나도 그만 울컥!
자신의 삶에서 우러나온 간증만 같아 그런 거겠죠?
"난 난 꿈이 있었죠. / 버려지고 찢겨 남루하여도
내 가슴 깊숙이 보물과 같이 간직했던 꿈
혹 때론 누군가가 뜻 모를 비웃음 내 등 뒤에 흘릴 때도
난 참아야 했죠 참을 수 있었죠."

혼혈아로 태어나
온갖 따돌림과 서러움 겪으며 살아낸
인순 씨와 일치해 그런 것이려니…

tolk ●●● **나윤찬 님**
그렇죠~~그때는 더심했으니^~^

하순철 님 ●●● tolk
<거위의 꿈>은 들을 때마다 감동적인 노래죠.

tolk ●●● **강석우 님**
저도 인순이 가수를 볼 때마다 같은 걸 느꼈습니다. 역경을 이겨내는 숭고한 삶을 목격
했지요. 아울러 혼혈의 편견을 극복하고 성숙해져가는 우리사회의 모습도 함께 보았습
니다.

박호재 님 ●●● tolk
저도 그 노래 좋아합니다. 가사가 주옥같고 심금을 울리는… 하지만 정작 원곡자인 이
적은 이 노래를 가벼운 의도로 썼다죠.
그래서 처음엔 빛을 보지 못하다가 가사내용과 찰떡인 인순이가 부르게 되면서 국민가
요가 되지 않았나…하고 생각해 봅니다.

tolk ●●● **김의정 님**
인순이만 익숙하다가 처음 듣는 인순씨. 가수가 아닌, 사람으로 불러주시는 거 같아요♡
♥

김종우 님 ●●● tolk
역시 노래는 혼신을 바쳐 불러야…

없는 겁니다

저녁 먹으러 들른 은성순대국집.

밥맛이 좋아 물었죠.

"어디 쌀이에요?"

그러자, 철원쌀이라 밝히며 곤혹스런 표정.

"지인이 부탁해 몇 포대 사다 나눠주고,

식당에서 요 며칠 이용 중인데,

손님들 입맛 버려 놓아 걱정."

다른 쌀로 밥하면 맛 변했다고 할 거고,

계속하자니 너무 비싸고 … ㅠㅠ"

물정 모르는 내가 해준 말.

"요 며칠 들른 손님들 방역용 명단 연락처로 알리면 되잖아요?"

그러자 정색하며 하는 말.

"그건 없는 겁니다.

유사시에 당국에만 보이고 …

그냥 갖고 있다가, 2주 후 폐기합니다."

철저한 보안. 많이 무안했습니다. 든든했습니다.

tolk ●●● **강문수 님**

쌀 하나 사먹는 것도 고려해야 할 것이 너무나 많지요.

쌀 포대에 '특, 상, 보통, 등외'로 등급이 표시되어 있어요.

저는 '특'이나 '상'을 가격을 고려해 구매하고 있죠.

철원오대쌀은 등급이 '상'이네요.

정승민 님 ●●● tolk

개인정보 면에서 논란이 많았는데 이런 철저한 원리원칙 준수 사례가 사회의 질서를 잡아주는 것 같습니다ㅎㅎ

tolk ●●● **안상숙 님**

요즘은 맛좋은 곳이 달라졌어요.

이천쌀보다 철원쌀

대구 사과 보다 임계 사과

맛 좋아진 곳이 모두 강원도

지구온난화와 관련이 있나 싶기도 하구요…

한미숙 님 ●●● tolk

교수님 궁금하면 바로바로 해결하셔야 하는 습관이 연구 하시는 비결이셨네요.*.^

tolk ●●● **강선령 님**

철원쌀, 맛있어요

저희 부모님도 그 쌀만 먹더라구요~

박약국 3

어제 보낸 〈박약국〉 아침톡 받고

당사자인 박창종 약사가, 부끄럽다면서 보내온 댓글.

참으로 아름다워 그대로 옮깁니다.

"이 약을 내 식구가 먹는다면?

답은 간단혀.

팔 것인지 안 팔 것인지 …"

아 … 이 세상 모든 의사, 약사, 의원이 이런 마음이라면,

아 … 이 세상 모든 농민, 상인, 제조업자, 공직자, 선생, 성직자가

이런 마음이라면!

tolk ●●● **이종분 님**
이런 세상이 오도록 기도해야겠네요~~~ㅎㅎ

송찬구 님 ●●● tolk
특히 식당 주인님들 식구 먹는 거라면 그렇게 씻고, 그렇게 싸구려 쓰고 그렇게 화학 조미료 막 넣어서 맛만 내려고 하지 않을 텐데… 점점 식당 밥 먹기 싫어져서….

tolk ●●● **장정희 님**
역시 세상은 이런 분들 덕분에 살 만한 거겠죠~ 감사합니다. 박창종 약사님~^^

김수정 님 ●●● tolk
극단적 이기주의는 이타주의라고 하더라고요.
나, 내 가족, 내 나라, 내 지구…

tolk ●●● **문창실 님**
약사님의 마음가짐을 모든 이가 실천한다면 그것이야말로 유토피아.
법 없는, 법이 필요 없는 세상이 오겠네요.
하지만 현실은… ㅠ~

김상한 님 ●●● tolk
약사님, 존경스럽습니다.
나를 돌아보게 합니다.

tolk ●●● **이주훈 님**
선한 양심을 가지신 분.
하나님 사랑 이웃사랑을 실천하시는 분이네요.

모성애

"부화할 무렵에는 사람이 가도 꼼짝하지 않아."

은퇴 후 고향 부여에서 농사짓는 동서.

암탉이 21일 알 품어 부화할 때 이야기 들려줍니다.

"처음엔 2~3일 만에 한 번 둥지에서 나와 먹이 먹기

(이따금 굴려서 골고루 체온 전해주며 …),

부화할 때가 되면 먹지 않고 사람이 가도 꼼짝 않기."

모성애!

꿩도 그렇다네요.

처음엔 멀리에서 소리 내도

포로롱 날아가지만,

부화 임박하면 요지부동

(그러다 더러 예초기에 그만 … 결사보위!)

"짐승도 이러건만, 자녀 학대한다는 부모들은 …

짐승만도 못해."

tolk ●●● **신혜원 님**
자녀를 학대하는 부모들을 만나면서 여러 생각들이 많았답니다.
그리고 제 좁은 식견에서 내린 결론은….
모성애의 씨앗은 선천적으로 가지고 태어나지만, 모성애도 "사랑"의 속성에서 발휘되는
것이므로 잘 배우고 이것을 "연습과 훈련"을 통해서 연마해야만 발휘되는 것 같아요.
인간관계의 "사랑"이 그러하듯이…
서로 사랑하는데, 사랑하는 법을 몰라서 사랑한다면서 상대에게 강요하고 상처 주잖아요.
오래참고 기다리지 못하고…

강선령 님 ●●● tolk
어쩌다 인간이 이렇게 되었을까요?ㅜㅜㅜ

tolk ●●● **박미례 님**
고구려 스님 혜총 이야기.
스님은 출가 전 동물가죽과 살을 벗기는 갖바치였다. 어느 날 통통한 수달을 잡아와서
가죽을벗기고 살을 발라내고 뼈만 두고 잠이 들었다. 일어나보니 수달의 뼈가 보이지
않아 핏자국을 따라가 본즉, 뼈뿐인 수달이 새끼 수달을 안은 채 죽어 있었다고 한다.
이를 본 스님이 크게 깨쳐, 갖바치 일을 그만두고 출가를 결심했다는 이야기~~~

임치균 님 ●●● tolk
연애할 때 버스에서 집사람이 내 어깨에 기대고 졸면 행여 깰까 움직이지도 않았는데,
그때나 지금이나 어머니 손은 제대로 잡아본 적이 없네요.

tolk ●●● **김경수 님**
정곡을 찌른 꾸짖음!!

tolk ●●● **권대광 님**
저희 집 앞 파출소 앞마당에 닭을 키우는데 요새 봄이 돼서인지 알을 많이 냈습니다. 매
일 파출소 앞 공원에 활개 치며 돌아다니던 닭들이 어느 날부터 꼼짝을 하지 않더군요.
역시 모성은 대단합니다.

강석우 님 ●●● tolk
신이 세상 모든 곳에 갈 수 없어 어머니를 보냈다고 톨스토이(?)가 말했던가요?

참새

북카페 가는 아현초등학교 앞 골목길.

참새 한 마리가 포로롱

길바닥에 내려앉자마자 먹이 찾아 부지런히 움직입니다.

자세히 보니 온몸으로 뜁니다. 폴짝폴짝

한 발씩 옮겨 걷는 게 아니라 폴짝폴짝

나폴레옹의 사전에 불가능이란 단어 없듯

참새의 사전에는 결코 없을 단어.

"걷다"

참새한테,

산다는 것은 온몸으로 뛰는 것 …

tolk ••• **김성화 님**
참새를 보아도 알아채지 못하는 것을 교수님은 이렇게 표현하는 것이 참으로 훌륭합니다.

강문수 님 ••• tolk
참새의 삶의 수준은 시적 삶이군요.
김수영의 강연을 닮았습니다.
아니 사실은 김수영이 참새에게 배운 것이겠죠.

tolk ••• **박수진 님**
참새는 나는 줄만 알았는데 폴짝폴짝 뛰기도 하는군요.
한번 눈여겨봐야겠습니다.~~

정진 님 ••• tolk
그렇군요! 참새는 절박한 몸짓으로 사는군요.
교수님 덕분에 또 깨닫습니다!

tolk ••• **김의정 님**
참새가 포로롱 뛰는 것만 알았지 걷지 않는다(혹은 못한다)는 건 처음 생각해 보게 되었
어요. 요즘 홍제천 주변 걸으며 왜가리와 백로를 많이 보는데 제법 우아하게, 거만하게
걷습니다.ㅋ
우리가 여유를 가지고 천천히 걸으라 하는데, 늘 뛰어야하는 현대인은 러닝머신에서 내
려오기 무섭습니다. 참새에게 걷기를 가르치듯, 느리게 중심잡기는 다시 태어나는 마음
으로 배워야 하는 것일 수도.

김순자 님 ••• tolk
대전 차 정비 사장님
오후3시30분 되면 참새 목욕하라고 수돗물 짜악
마당에 흘려보내면 20 마리 정도 줄지어 내려앉아 질서 있게 목욕하는 것
참 예쁘고 귀여웠던 생각이~~
폴짝폴짝 예쁘고 귀여운.

함열 주현노치과

틀니가 안 맞아 식사 잘 못하신다는 노모
모시고 찾아간 함열 주현노치과.
한참 들여다보던 의사.
단골 의사가 아니면 할 수 없는 말들을 연달아 들려줍니다.

"예전에는 아래쪽에 이가 하나 더 있었지요."
"위쪽 잇몸의 일부가 자꾸 자라나는 특징이 있었고요."
"참 자주 오셨고, 쩌렁쩌렁 말씀 많이 하셨는데 …"
"맞다! 휴먼시아아파트 사신다고 하셨죠?"

구두 수선하는 분들,
구두만 봐도 주인을 또렷이 기억한다더니,
틀니만 보고도 환자의 모든 걸 복기하는 치과 의사.
진료 마치고 나오며 계산하려 하자, 그냥 가랍니다.
참 여러 가지로 정겨운 곳.

tolk ●●● **강석우 님**
우리사회 곳곳에 박혀있는 보석과 같은 분이십니다.

이수자 님 ●●● tolk
서울 가까이 그런 치과의사님이 계시면, 그 곳으로 옮기고 싶네요.

tolk ●●● **남궁양 님**
그렇게 따스한 곳이 있어 세상은 살만합니다^^

조방익 님 ●●● tolk
듣기만 해도 참 흐뭇합니다.

tolk ●●● **한경희 님**
따스한 사람 냄새가 풍기는 아름다운 광경
훌륭한 치과 의사에게 박수를 보냅니다.

길지연 님 ●●● tolk
짝짝 그런 분이 의사가 되어야 해요.
요즘 가면 무조건 뽑아라 임플란트 해라.
하마터면 생으로 뽑힐 수도…
많은 의사 분들이 자기 가족을 위해 열심히 살 듯 환자를 위해서도 최선을 다 하면 좋겠어요.

tolk ●●● **권성로 님**
사람 사는 맛이 있는 곳.
틀니만 봐도 이력서를 작성하는 곳.

이수진 님 ●●● tolk
함열(咸悅)은 '다함께 기쁜 곳'이기에 그런가 봐요.^^

인정

가난했지만 인정이 있던 시절의 미담 두 가지.

지인들의 어머니 이야기.

"시골에서 부유하게 살던 우리 어머니 …

춘궁기에 쌀을 함지박에 담아 대문 밖에 놓으면 …

며칠 뒤 마을 사람들은 개천에서 천렵해 잡은 물고기로 매운탕 끓여 보내오곤 했답니다."

"우리 어머니는 광복 후 일본에서 귀국해 충청도 서산 시아버님 댁에 찾아갔대요.

홀아비인 시아버지와 총각인 시숙 시동생.

그 많은 식구 밥해 먹이고 빨래에 농사일까지 …

그리 고생해 억울하지 않았느냐 물으면 하신 말씀.

'나 때문에 많은 사람이 덜 고생했으니 얼마나 다행한 일인가 얼마나…'

부부가 밤낮으로 일해 여유로워지자, 끼니 못 잇는 마을 사람들 먹이려 넉넉히 준비해,

양푼에 반찬 함께 담아 몰래 주었대요.

아무도 안 볼 때 집 담장 위에 살짝 …

tolk ●●● **배영동 님**

마을공동체의 일반적인 모습이었죠. 어디에 사시던 누구신지 밝힐 수 있다면 마땅히 연구에 활용하고픈 생각이 드네요.

혼사, 장사, 제사, 심지어 모내기 등을 할 때 음식 넉넉히 해서 나누어 먹는 잔치 방식은 마을공동체임을 확인하던 것이었죠.

특히 회갑잔치, 혼례 후 회가 풍속은 전적으로 여유 있는 집에서 베푸는 잔치죠.

머슴들이 많던 시절에 호미씻이를 하면 부잣집에서 얼마나 많은 음식을 내는지 머슴들이 품평을 했다는 사례가 흔하죠.

더불어 사는 사람들의 자발적 나눔은 부의 재분배를 실천한 것이며, 이것이 곧 공동체의 바람직한 모습이었죠.

이웃을 모르고 사는 익명사회로 변하면서 퇴색되는 전통을 화복하는 사회운동이 시급해요.

채선병 님 ●●● tolk

네 우리네 어머니는 이렇게 따뜻했습니다 저도 조금이나마 따뜻한 어머니처럼 살려합니다. 그래야 모두가 웃으며 행복할거라 믿거든요~~.

tolk ●●● **김창진 님**

한국인의 정. 시대가 변하여도 언제나 유지하고픈 미풍양속.

길지연 님 ●●● tolk

우리 외갓댁도 대문 활짝 열어놓고, 오가는 행상들 끼니 때우라고, 늘 마루에 밥과 반찬을 차려 두셨다지요. 아파트 문화가 우리 삶과 문화도 바꾸고 정서도 사라지게 하는 듯해요.

tolk ●●● **강문수 님**

이란 영화를 보니, 부유한 집 담장 밖에 수도꼭지를 설치해서, 가난한 자, 나그네, 아무나 물을 먹을 수 있게 해두었더군요.

어떤 식당

개관 준비 중인 순창 설공찬전테마관 부근 백반집.

시골이지만 늦게 가면 기다려야 한다네요.

비결이 뭐죠?

"매일 반찬이 바뀝니다. 어느 한 가지라도 …

새벽에 광주에 차 몰고 가 싱싱한 재료 사다 조리,

한번 상에 차린 음식은 절대 재활용 않기.

한번 들른 사람은 또 오죠."

아하 … 내년 초 개관하는 테마관 운영 비결도 바로 이것이

렷다!

상설전시와 함께 주기적으로 특별자료 전시하기.

올 때마다 새로운 맛 느끼게.

매일의 우리 삶도 그렇게 …^^

tolk ●●● **배영동 님**
옳습니다.
전시관, 박물관은 갈 때마다 조금씩 새로운 게 있어야 하죠. 안 그러면 한번 가면 더 이
상 안 가죠.

이승용 님 ●●● tolk
매일 반찬이 바뀔 정도의 정성이라면 식당은 대박나죠.
그 정성은 고객들은 압니다.

tolk ●●● **김기서 님**
설공찬체험현장 아이디어. 1박2일로도 부족할 듯.
나중에 방송사와도 컨택. 연예인들이 출연하여 상기 컨텐츠를 가지고 게임을 하면 전국
적 홍보효과가 있을 듯. ^^

김의정 님 ●●● tolk
한 개씩 바꾸기, 제가 번역한 《한정우기》에는 그런 말이 있습니다. 늘 새로운 기물을
사다가 서재를 꾸미기는 비용도 많이 들고 자원낭비도 심하다. 이미 있는 기물의 위치
를 조금씩 바꿔보라. 시선이 새로워진다. 다른 듯 비슷합니다~ㅋ

tolk ●●● **박미례 님**
《새로움의 충격》이라는 책이 있는데~~ 식당영업도 새로움의 비결이네요?ㅎ

하순철 님 ●●● tolk
우리 삶도 늘 새로운 느낌이 들면 얼마나 좋을까요.

tolk ●●● **이상협 님**
관광도 체험도 중요하지만 먹거리도 빼놓을 수 없지요.
정성어린 밥상도 설공찬전테마관에 한몫 했으면 좋겠습니다.

날아든 참새

점심 먹으러 내려간 학교 구내식당.

영양사가 흰 가운 입은 채 부산하게 움직입니다.

참새 한 마리가 들어와 내보내려고 그런 것.

오전에 들어와 투명한 유리창을 향해 헛되이 날아오르길 거듭하는 새.

바닥 쪽에 문 열려 있으나 위로만 날아 못 나가고 있는 것.

그걸 보던 교수 하나는, 맛있는 음식으로 유인해 보라고 가볍게 말합니다.

어디 내보낼 곳 없나 살핀 끝에 발견해 영양사한테 알려주는 순간,

지쳤는지 쉬려고 내려와 화분 속에 숨는 참새.

백두대간 종주 실력의 날렵한 교수가 번개같이 달려가 잡아 날려줬습니다.

포로롱 힘차게 창공으로 날아가는 새 … 후유 …

같은 상황 아래 다른 반응들.

처지와 기질 따라 다른 태도와 행동.

인생의 압축도 …

tolk ●●● **이상협 님**
점심식사 가셨다가 한바탕 즐거운 소동이셨군요~.ㅋㅋ

서영숙 님 ●●● tolk
참새가 많이 놀랐겠네요. 인간이 지어놓은 건물 때문에 희생되는 조류들이 아주 많다고
해요.

tolk ●●● **배영동 님**
참으로 실감나게 잘 쓰셨어요.
압권은 "번개같은 교수"의 참새 생포 장면, 그리고 "포로롱 힘차게" 날아가는 장면 같네요.

강석우 님 ●●● tolk
자비심을 실천하는 보현행!
생명을 소중히 여기는 마음이 아름답습니다.

tolk ●●● **김미향 님**
우리네 인생도 참새와 같은 거 같아요. 자기의 고집대로 이제껏 살아왔던 대로 높이 날
기만 하려고 하니 탈출구를 못 찾고 지치고 힘들기만 하죠.
자기를 내려놓고 자기생각을 내려놓고 밑에 내려와 있으면 탈출할 길이 생기게 되는
것을…

김정훈 님 ●●● tolk
ㅎㅎ 재미있는 상황이었군요. 사람들도 흔히 그 참새처럼 보이는 것만 좋아 욕심껏 날
아들었다 헤어나지 못해 발버둥치는데, 잡아서 날려줄 분이 필요하겠어요.

tolk ●●● **정진 님**
늘 일상의 찰나에도 인생의 빛나는 지혜를 찾아내시는 우리 교수님!
진정한 이야기꾼이세요!

긴급 수혈

후배이자 제자인 학자.

오래 전, 내게 들어온 일 대신 하라 했죠.

나는 그 일 안 해도 먹고 살 수 있으며,

제자가 충분히 할 수 있는 일.

언젠가 그 제자, 내게 그때 일 떠올리며 하는 말.

"그때 그 돈, 제게는 긴급 수혈이었어요."

작은 배려가 어떤 사람에게는 피 같을 수 있다는 사실…

생각해 보니, 나도 그런 도움 여러 번 받았습니다.

tolk ●●● 박원경 님
교수님 같은 맑은 분의 맑은 피는 세상을 구할 수 있답니다.

박교순 님 ●●● tolk
이런 아름다운 일들로 일상이 되었으면 합니다. 우리 살아가는 세상이!!

tolk ●●● 곽신환 님
모르게 한 일보다 모르고 한 일이 더 귀한 듯합니다. 남이 모르게 하면 조금이라도 자기의 선행에 대한 의식이 남아 있고 상대가 끝내 몰라주면 서운함이 생기지요. '내가 저를 어떻게 키웠는데'라는 안타까운 말을 상당수의 부모들이 하지요. 그런 말 할 줄 모르는 부모가 안하는 경우보다 더 훌륭하지요. 선을 행하고도 그것을 행하였다는 의식을 갖고 있지말라는 것은 불교에서도 매우 강조하는 가르침이지요. 예수님의 오른손 왼손논리도 결국 같은 지향이구요. 이 교수님의 선한 배려가 수혈에 해당했다는 그 제자에게 아름다운 자산을 주신 것이네요.

길지연 님 ●●● tolk
정말 알차지요. ㅎ 저도 가끔 넘겨준 적 있는데, 그 분은 일이 힘들다며 투덜대서 다시는 안 주네요.^^;

tolk ●●● 송찬구 님
구멍가게 하나 있는 거 지난 달 먼저 전화해서 반 깎아주었더니 그렇게 고마워하고 상가에 다~ 자랑하고 다닌다고…. 내가 더 고마운데… 7년 째 월세 어기지 않고 내주는 고마움…이번 달도 반 깎아 주어야지~~~

원연희 님 ●●● tolk
어려울 때 도움받은 일은 평생 잊혀지지 않는 거 같습니다.^^

tolk ●●● 왕현철 님
이래서 세상은 아름다워요.^^

올린 봉급 반납

어느 출판사 대표의 글.

연초에 직원들 봉급 인상해 지급한 다음날,

직원 하나가 편지를 집무실에 넣어 놓았더라죠.

회사 사정도 좋지 않은데, 회사에 몇 백만 원 기부하겠노라고 …

상박하후 원칙 아래,

특별히 그 직원은 올해 돈 쓸 데 많다는 걸 알아 더 올려줬더니
만 그랬더라죠.

회계 직원한테 알아보니 벌써 입금.

1년치 인상분만큼 도로 내놓은 셈.

당장 도로 입금해 주라고 했다네요.

회사 경영 10년 만에 처음 겪은 일이라는 그 대표님.

그 사연 읽는 나도 뭉클 울컥.

그 사장에 그 사원.

가정 같은 회사 …

아름다워라.

tolk ●●● **김은주 님**
이런 사장님 그리고 또 그런 사원들이 함께 꾸려가는 직장이라면 쓸데없는 소모전 없이
하나의 그림을 그리기 위한 손놀림과 발걸음이 있을 텐데…

강석우 님 ●●● tolk
돈 걱정 없는 은행에서 일하다 중소기업에 와 보니 회사가 적자가 나도 직원들은 월급
을 조금이라도 올려 줘야하는 상황.
사장님 주머니 사정이 점점 안 좋아질 수밖에…

tolk ●●● **배영동 님**
네. 되는 집안은 장맛이 다르다고 하듯이, 되는 회사는 일반 사원부터 다를 겁니다.
사리사욕에 눈 먼 사람들이 확 줄고 선공후사 정신이 강한 사람들이 많아지면 그게 혁
신이고 발전의 지름길입니다.
오늘도 되는 세상으로 방향을…

정종기 님 ●●● tolk
저는 공무원으로서 일을 제대로 못한 것 같아서 봉급을 한번 반납해 보려고 한 적이 있
습니다. 동료 선생님들이 죽으려고 하기에 포기했습니다만.

tolk ●●● **민경미 님**
그 직원이 넉넉치않음에도 그랬던건… 그 대표의 평소 성품이 베품에 있었던건 아닐까
요…
남편도 사업을 하고 직원을 거느리고 있는데..
그 대표의 그 직원~ ㅎ
참 부럽네요~~~!

6 *six*

네, 그렇지요. 참 좋은 사람! :

이복규라는 사람

소소하고 찬란한 하루

모든 학생이

아들이 장가갈 나이 되면서 일어난 변화.

여학생들이 모두 며느릿감으로 보이기 시작.

사심을 가지면 안 되련만

이러면 안 되련만 …^^

tolk ••• **남궁인숙 님**
딸이 시집갈 나이 되면서 일어난 변화.
남학생들이 모두 사윗감으로 보이기 시작.^^

하순철 님 ••• tolk
장가갈 사람은 결혼할 꿈이라도 꾸고 있는가요?

tolk ••• **이종건 님**
ㅎㅎㅎ 세상살이가 모두 자신 중심적인 거 같아요. ㅎㅎ

김귀연 님 ••• tolk
ㅋㅋ그럴 것 같네요! 그러나 아마 그 수많은 며느리감을 제치고 스스로 데려온 여자가
며느리가 되겠죠!

tolk ••• **한미숙 님**
아들이 군대가고 밖에 나가면 군인들이 많이 보이는것~~

이동준 님 ••• tolk
연세 지긋해지면서 눈에 뜨이는 아이들
모두 제 손자같이
보이다니~^^ *.*

tolk ••• **김도중 님**
수업 중에 모범생 옆을 지나갈 때면 저런 애가 우리 사위, 우리 며느리가 되면 좋겠다는
생각도 여러 번!

들이대기?

학회지에 논문 냈다가 탈락했다는 지인.

왜 떨어졌냐고 묻자 왈.

"들이댄대요."

심사자 가운데 그렇게 평했다는 것.

근거 부족한 채 일방적인 주장 펼친다는 지적이었겠죠.

들이대기 …

이 말 듣고 켕기는 것. 내 아침톡!

더러, 원치도 않는데,

'들이대듯' 보내고 있는 지인은 없는지 …

"언제부턴가 제게 아침의 즐거움이 생겼습니다.

바로 선생님의 글이지요. ^^"

잠자코 있다 이런 답글 보내는 지인도 있지만,

읽지도 않으면서 예의상 열기만 하는 분 있으면 어쩌나 …

나도, 내키잖는 톡, 읽지 않으면서 그냥 눌러주는 것처럼 …

아침톡 5년차의 걱정입니다.

(미심쩍은 이름들 대폭 정리했습니다. ^^)

tolk ●●● 권순긍 님
선생님의 카톡 글은 이를테면 우리가 잊고 있었던 '사소한 것들의 아름다움'을 알려줍니다.

김성수 님 ●●● tolk
이른 아침 반가운 '들이댐'에 즐거운 하루가 열립니다. ^^

tolk ●●● 김은주 님
새로운 일상의 습관이 생겼고, 그 습관은 저에게 참 유쾌한 에너지를 더한답니다^^

최형택 님 ●●● tolk
책을 멀리하는 한사람인데…, 이렇게 좋은 글 대할 수 있어 감사합니다.

tolk ●●● 박수밀 님
저는 기대하며 열어보는 1인입니다. 평범함 속에 담긴 교훈과 생활의 지혜와 가끔 은밀한 현실인식을 즐겁게 보며 상쾌한 아침을 엽니다~

송한근 님 ●●● tolk
^^ 출처도 없이 복사해서 수시로 보내는 격언들과 달리 교수님의 글은 일관된 시간에 모두 생활속 살아있는 생각할 거리, 지혜라 반가운 톡입니다. 용기를 갖고 보내주세요!:)

tolk ●●● 김인규 님
아침에 비타민을 누가 마다하겠습니까. 행복한 비타민으로 정신 건강을 잘 챙기고 있습니다.

김연식 님 ●●● tolk
고맙게 읽고 있습니다. 때론 남편이나 어떤 이에게 아침톡 내용을 말하기도 합니다.

첨삭지도

학생들한테 내라는 리포트 과제.

요즘엔 한두 번이지만 과거엔 많았습니다.

교수 부임 초기에 매주 받아 일일이 첨삭지도했습니다.

특히 국문학사 시간에,

《한국문학통사》라는 여러 권짜리 책 읽고,

요약과 질문 적어 내면, 첨삭하고 답변까지 …

중복 질문은 모아서 구두로 답변해 주었습니다.

그 책 저자 조동일 선생님한테 배운 대로 한 거죠.

52명 정원일 때니 꽤 시간 많이 들어간 강의 …

하지만 얻은 게 많습니다.

싱싱한 질문에 답변하느라 엄청나게 공부해,

그 과정에서 착상들이 떠올라 많은 논문을 썼죠.

그때는 필수과목이라 가능했으나,

모든 과목이 선택과목으로 바뀌면서 포기했습니다.

폐강당할까 봐 …^^

다시는 가질 수 없는 추억입니다.

tolk ●●● 조동일 은사님
안타깝군요.

안상숙 님 ●●● tolk
교과서에서 교술갈래라는 항목을 만날 때마다 떠오르는 한국문학통사!
딸도 국문학과인데 문학사 책 한 권 안 읽는 현실이 안타깝습니다.

tolk ●●● 강문수 님
벽돌책의 대표 조동일 선생님의 '한국문학통사'를 첨삭지도 받은 학생들은 언젠가는 깨
달았겠죠. '힘든 수업이지만 복 받았나니~'
모든 과목 선택하는 수강신청 절대 반대!

김선균 님 ●●● tolk
그 시절이 제가 공부할 때였던 것 같습니다. 없는 시간 쪼개서 열심히 참 재미있게 수강
했던 기억이 납니다. 조동일 교수의 긴 한국문학통사를 선생님 덕분에 다 읽어봤지요.
그건 행운이었습니다.^^

tolk ●●● 강동극 님
교수님 강의를 들을 때면 재미있는 이야기를 듣는 것 같아서 좋았었는데 아쉽습니다.

이수자 님 ●●● tolk
피드백을 그렇게 잘 해주셨으니, 아주 좋은 교수님이셨네요.

tolk ●●● 복길화 님
50여명이 강의실에서 복작복작하던 스무살 시절이 그리워지는 글이네요.
대학 시절 마음껏 공부해보기도, 사랑해보기도, 술마셔보기도 했던 그 시절의 저는 어느
새 불혹이 넘어 그 때를 추억하고 있습니다.
그 때 그 시절이 필수과목이라면 저절로 보내졌으면 좋겠고 선택과목이라 할지라도 제
손으로 선택하고 싶은 정릉산에서의 7년이 그립습니다.

정말로 공부가

대학 교수가 되어 강의 시작한 어느 날
학생 하나가 따라와 묻습니다.

"정말로 공부가 재밌으세요?"

대학 교수 부임 30년째인 해의 여름
중국 답사 길에서 내 특강 들은 교수가 말했습니다.
초면이었지만
정말 공부와 연구가 재미있어 어쩔 줄 모르는 게
느껴졌다나 뭐라나 …

교수면 누구나 그런 줄만 알았으나
아닌가 봅니다.

책으로만

"책으로 논문으로만 뵈었던 선생님을 직접 뵈어서 영광이었습니다."

무슨 심사하는 일로 어제 정부대전청사에서 만난 문화재청 이정화 선생님.
부서(무형문화재과)의 특성상 민원을 가장 많이 받는다는 분.
심사 마치고 상경해,
오늘 만나 반가웠다고 … 욕 많이 먹으니 장수하실 거라고 …
문자 보내자 보내온 위 답장.
책과 논문으로 이미 나를 알고 있었다니 …
어맛 뜨거워라!
쓸데없이 양만 많은 내 책과 논문들.
시간이 흐르면 고치고 싶은 대목 많건만,
도대체 어떤 걸 읽고 날 기억한다는 것인지 …
반갑기도 하면서 뜨악.
그래서 이렇게 답장했지요.
"부끄러워라 …"

tolk ●●● **이정화 님**

논문을 쓰기 위해 조선시대 사료와 개인 문집, 근현대 신문 기사를 살펴보았습니다. 그러던 중 개인 문집을 찾다 '묵재일기'에 대해 알게 되었습니다. 그리고 묵재일기를 통해 민속원에서 나온 선생님께서 쓰신 《조선 전기의 민속》 책을 알게 되었습니다. 질병에 대한 당대 대응 부분을 찾아 읽었던 기억이 있습니다.

어제 선생님을 뵈니 그 기억이 났습니다. 10년 전 지방 대학원생이 논문을 쓰기 위해 보았던 책과 논문의 저자들은 태산 같은 분들이셨고, 그런 분들을 다시 실제로 뵙게 되는 건 영광스런 일이라 생각했습니다.

그리고 걱정하지 마십시오. 제가 당시 선생님 책을 아주, 꼼꼼히 보지는 않았습니다.^^

남궁양 님 ●●● tolk

교수님의 또 다른 아들 딸.

바로 교수님 저서입니다.

tolk ●●● **김창진 님**

그래도 내 글을 읽고 기억해 주는 사람이 있다면 고맙고 보람 있죠.

숭찬구 님 ●●● tolk

모든 게 부끄러운 내 앞에서 그런 말 하면 안 되우! … ㅎㅎ …

tolk ●●● **배영동 님**

ㅎㅎㅎ.

인터넷 치면 주룩 주룩 나올걸요. 방송작가라며 연락도 더러 오지요.

어떤 데는 필자도 모르게 논문이 팔리고 있어서 학계에서 정식으로 문제 삼고 바로 잡아야 하겠던데요.

쑥밭

처족 문상하러 내려간 계룡시 두계면 어느 야산.

너무 일찍 도착해 일행과 기웃거리다 발견한 쑥밭.

밤나무 묘목 심은 과수원.

미세먼지도 없는 하늘 아래 옹기종기 앉아 뜯었습니다.

문득 한참 손위 처남댁의 말씀.

"제 똥 3년 안 먹으면 죽는대요."^^

돌고 도는 생태계의 순환 양상을 한마디로 요약하는 말.

고상한 척 말라는 말씀.

"먹을 게 없던 때는 뿌리까지 캐다 먹었어요.

쑥 다 먹으면 소나무 껍질 벗겨 먹었지요."

육이오 끝나고 태어난 우리 세대는 뿌리까지 먹은 일 없었건만 …

한번 캐 보니 상당히 깁니다.

손톱에 물들도록 너무 열심히 캐다가,

부르기에 가 보니 하관한 직후였습니다.

94세 호상이라 망정이지 큰일 날 뻔했습니다.

쑥밭에 정신이 팔려서리 …^^

tolk ●●● **배영동 님**
어떤 교수가 《똥이 자원이다》라는 책을 냈을 때 참 노골적이라고 생각했죠.
"내 똥 3년 안 먹으면 죽는대요"라는 한 마디가 더 확실한 자원가치를 말해주네요.
쑥 많이 드시고 건강한 마음과 몸이 쑥쑥 자라나시기를 …

노동래 님 ●●● tolk
배탈나면 쑥을 뽑아다 뿌리째 찧어서 설탕 넣고 팔팔 끓여 먹으면 낫곤 했습니다.

tolk ●●● **김신연 님**
쑥 욕심 때문에 본말이 전도될 뻔하였어요. ㅎㅎ

허판호 님 ●●● tolk
나는 어렸을 때 소나무 속껍질 생키라는 것 먹었어요. 표준어로는 송기라고 하더라구요.
산에 나무하러 다니면서 온갖 것 다 먹었습니다 지금 생각하니 몸에 좋은 약초를 먹었
습니다.

독서 추억

읽을 책이 절대 부족하던 초등학교 시절.

교과서와 전과, 방학책 외에는 없던 시골.

더러 뽑기로 누가 만화 뽑으면 그걸 봤죠.

책 좋아하는 내 갈증 …

다행히 5리 정도 떨어진 큰고모님 댁이 있어

이따금 심부름 가거나 방학 때면 틀어박혀 목을 축였습니다.

교육대 다니는 내사촌 형 때문이었는지

〈자고 가는 저 구름아〉 같은 장편소설도 있었고,

특히 소년한국일보와 거기 실린 연재 소설과 만화들.

소설인 암굴왕(몬테 크리스토 백작), 김삼의 007 만화 …

50년도 더 지났건만 또렷한 그 장면들.

《농원》이란 잡지에서 본 역사소설(연산군 이야기)이며,

〈목이 긴 아낙〉이란 야릇한 소설도 …

초등학교 졸업 무렵 도서실이 생길 때까지

내 유일한 도서관이었던 고모님 댁 사랑채.

국문학자로 살아가고 있는 나날 …

그 시절 독서체험이 내 잠재력을 뽑어올린 마중물이 아니었을까?

tolk ●●● **구자천 님**
나는 흑역사가 쫌 길었는데 그 시기를 기타와 책으로 견디었죠~~
무협지부터 장편대하소설까지 닥치는 대로~~ 그것이 후에 국어 교사의 받침돌이 될 줄
은~~ ^^

김명자 님 ●●● tolk
<자고 가는 저 구름아>, 반가운 제목이네요. 월탄 박종화선생 소설 아닌가요?

tolk ●●● **김선균 님**
옛날 만화가 참 재미있었지요.
TV가 귀하던 시절에 보았던 철인28호, 요괴인간, 황금박쥐, 타이거마스크, 마린보이…
가 주제가까지 아직도 기억이 생생합니다.^^

이재숙 님 ●●● tolk
나도 더러더러 갔었는데 책에는 관심도 없었네. ^^주로 부엌이 떠오르고 고모님이 보고
싶다~~

tolk ●●● **박경하 님**
동감입니다. <자고 가는 저 구름아> 동아일보 연재를 읽은 어머니가 매일 저녁 우리들
에게 그 이야기를 들려주어서 내가 사학과를 선택한 것 같습니다. 추억 소환 감사합니다.

김영진 님 ●●● tolk
제 만화 기억은 어깨동무란 종합만화 책 속 <주먹대장>, <꺼벙이> 같은 것 위로는 기억
나지 않네요. ㅎ 50-60년대 만화책값 고서 및 골동 경매에 엄청 비싼 거 아시죠? ㅎ

tolk ●●● **김의정 님**
선생님의 고모님 댁으로 독자들을 초청하는 듯. 각자 어린 시절 나만의 도서관이 하나
씩 있던 시절이 그립습니다. 이거 시리즈로 편성해 주세요 ㅋㅋ

강의하다 졸기

난생 처음

강의하다 졸았습니다.

원격강의 녹음하다 깜빡!

대면수업에서는, 앉아 듣는 학생은 졸아도 강의하는 사람은 안

조는 법인데 …

나이 탓도 있겠으나

학생들 눈 보며 강의하다 노트북 화면만 봐 그런 듯.

과감하게 서서 녹음했습니다.

하기야, 어떤 교수는 척추 디스크 때문에 늘 서서 친다죠.

다리는 좀 아파도 졸리지 않았습니다.

코로나 때문에, 난생 처음 해보는 경험 많습니다.

tolk ●●● **김남태 님**
그 장면이 편집이 안되었다면, 한번 보여주시면 어때요?

이종건 님 ●●● tolk
ㅎㅎㅎㅎㅎ 강의하다 조는 건 참 특이한 세상 때문이네요 .. 세상 별일도 있네요 ..

tolk ●●● **강석우 님**
나중에 소중한 추억으로 기억될 것입니다.

밥알

농촌이라 더 그랬던 걸까요?

지금도 생생한 우리 할머니 밥상머리 교육.

"밥알 흘리면 죄다."

세 살 버릇 여든 간다더니 …

먹고 살 만한 요즘에도, 흘린 밥알 꼴을 못 봅니다.

고걸 왜 주워 먹느냐고 늘 편잔 들으면서도 …^^

tolk ●●● **왕백 님**
저도 악착같이 주워 먹습니다.
마나님 안 볼 때요.^^

권혁래 님 ●●● tolk
저도 시골출신이라 그런지 음식버리는것 아까워 못버리게 합니다.
각종나물 사와서 무쳐먹고 풋고추 마구 먹으니 딸이 아빠는 자연인같다고 하네요^^

tolk ●●● **이수진 님**
ㅋㅋㅋ
저희도 농부의 피땀이라고 배웠어요..
그걸 저희 5살 아이한테 말하니…
"뭐어~~~???? 피라고요~???"
ㅋㅋㅋㅋ

권성로 님 ●●● tolk
할머니 밥상머리 가르침
'물 말아서 다 먹어라.'

tolk ●●● **최내경 님**
저도 … 밥 남기면 지옥가서 남긴 거 먹어야 한다는 말이 무서워서 다 먹었어요~

복기?

어린이날 다음날, 안건수 동창이 보내준 고딩 때 비화.

수업 중 갑자기 뒷문이 열리며 나타난 어떤 아주머니.

"이 반에 복기 있다냐?"

뒤에 앉았던 학생 답.

"그런 학생 없어요."

앞에 있던 국어 김기선 선생님이 무슨 일인지 묻고 나서 하셨다
는 말씀.

"이복규, 나가 봐라. 시골사람 발음은 다 그래."

맞습니다.

고향에서는 늘 '복기'. ^^

tolk ●●● **배영동 님**
난 모친께서 늘상 끝자만 불렀습죠. "동아"라고 불러도 내 귀에는 호칭할 땐 "도아"라고
들리고, 지칭할 땐 "도이"라고 들렸죠.

이상훈 님 ●●● tolk
ㅋㅋ
고향에 성기(선규)가 있었습니다.

tolk ●●● **백훈 님**
미국에서 태어난 한인 2세 중엔 '태드(Tad)'라는 이름이 더러 있어요.
한국인 할머니 할아버지들 왈, "태수야, 잘 있었냐?"
LA 한인타운을 관통하는 버몬트 거리(Vermont Ave.)…
한국인 할매할배들 "난 보문동 살아유"

원연희 님 ●●● tolk
제 사학과 교수님 함자가 최복규 셔서 교수님 함자를 쉽게 기억했습니다 복기라는 함자
도 좋습니다^^~~

tolk ●●● **한홍순 님**
그런 일 많아요. 우리동네에 '혀내기'라고 부르는 이름이 이상하다 했는데
커서보니
'현학'이라는 멋진 이름이었습니다~^^

도처에

퇴근길

동네 횡단보도 건너고 있을 때 들리는 소리.

"교수님!"

마스크 쓴 껑다리.

"저 아무갭니다."

내 교양강의 듣고 15년 전쯤 졸업한 다른 학과 학생.

인간성 좋아 기억하는 이름이지만 마스크 차림이라 몰라봤을 얼굴.

어떻게 나를 알아봤을까?

언젠가 대낮에 인사동거리 걷다가 갑자기 인사하며 다가온 묘령의 아가씨…

야간에 강의 들은 학생…

밤에만 흐릿하게 보다가 소스라쳤던 그 순간.

나쁜 짓 안하고 있었으니 망정이지.

도처에 빛나는 눈들.

tolk ●●● **이승용 님**
느낌으로 알아보았을 것 같아요. 모습 보고….

정중기 님 ●●● tolk
마스크 써도 눈을 보면 압니다. 눈을 가리면 알아보기 힘들겠죠.

tolk ●●● **윤금자 님**
교수님 트레이드 마크
아담한 키에
서글서글한 눈매…
마스크 써도 보이는 것들ㅎ
평생 지금처럼 나쁜 짓
안하셔야 할 듯싶어요ㅋ~^^

노유선 님 ●●● tolk
15년이 지나도 기억에 남을 수 있다는 게 무척 멋진 일인 것 같아요~~

tolk ●●● **이수진 님**
ㅋㅋㅋ 마스크를 쓰셔도 확실한 캐릭터세요.

김남태 님 ●●● tolk
주점인 바에서 만난 제자를 상상해보셨나요?^♡^

턱관절

냉동에서 덜 녹은 떡 너무 열심히 먹다 그만 턱관절이 빠진 듯.

밥 먹을 적마다 나는 소리.

딱 딱 딱 …

자고 나면 나을 줄 알았으나 여전. 딱딱딱.

5일 만에 치과 갔더니 의사 왈.

"입 너무 크게 벌리는 바람에 디스크가 빠진 것.

빠져도 원래는 윤활물질 분비돼 소리 안 나는데 이제 연세 있어 말라서 그런 것."

그러고는 그만. 손이나 기계로 돌려놓을 줄 알았더니 아닙니다.

그럼 어떡하냐니까 하는 말.

"입 덜 벌리면 소리 덜 납니다.

그러다 보면 안 날 수도 있고요."

무슨 말인지 알았습니다.

나이 들면 입 덜 벌려야 탈이 없다는 것. ^^

tolk ••• **강석우 님**
몸이 가르쳐 주는 교훈이 많습니다.
위장기능을 떨어뜨려 욕심을 버리게 하고 눈을 침침하게 하여 많이 생각하게 하고,
기억을 흐리게 하여 미련을 버리게 하고…

차정선 님 ••• tolk
놀라셨겠네요~ 딱딱한 거나 떡이나 입을 크게 벌리는 상추쌈 드시지 마세요. 시간이 걸
리더군요.

tolk ••• **김신연 님**
나이드니 더 조심조심 살라는 우리 몸의 경고!

권성로 님 ••• tolk
나이 들면 입을 덜 벌리고 말은 적게 하고 듣기를 열심히 해야 합니다. CEO보다는
CLO(chief listening officer)가 존중받는 사회라고 하지요. 65세부터 고령이라며 운전
면허증도 반납하라네요. 대중교통 이용하며 생활 반경도 점점 좁혀야겠어요.

치과에서

턱관절 치료하러 들른 쌍문역 부근 어느 치과.

간 길에 잇몸 치료와 스케일링과 사랑니 뽑기.

사랑니 뽑으며 깨달은 점들.

1. 마취가 무엇인지, 집게로 잡는다고 하자마자 통증은커녕 아무 느낌도 없이 벌써 뽑았다는 보고. 배비장전에서 배비장이 애랑이한테 이빨 뽑아주었다더니 혹시 마취제 먹고? 아니면 사랑에 마취되어?ㅋㅋㅋ

2. 사랑니 뽑을 때, 입 더 크게 벌리라기에 그랬더니만 즉시 하는 말.

"고맙습니다."

세상에, 나 위해 벌린 건데도 깍듯이 고마워하다니…

3. 발치 후 피가 나서 자꾸 뱉자 하는 말.

"그냥 삼키세요. 뱉으면 음압이 생겨 계속 나와요."

난생 처음 들은 용어 음압.

뱉으려고 하는 순간 압력 차이 발생,

그걸 메꾸려 자동적으로 내부의 피가 따라 나온다는 말이거니…

신묘막측한 우리 몸의 자동시스템. ^^

tolk ●●● **박미례 님**
사랑니를 아직까지 갖고계셨다니~~ 신기하네요

김창진 님 ●●● tolk
친절한 의사시네요. 보통은 안 그러죠.

tolk ●●● **원연희 님**
치아관리를 잘하셨네요. 저의 어머님께서는 87 연세에도 치아가 튼튼하셔서 주위에서
모두 놀랐던 기억이 있습니다. 치아관리를 그다지 하시지 않았는데도 복을 갖고 계셨던
것이지요.

강문수 님 ●●● tolk
가장 아름다운 한국어 '사랑니'
이성에 눈 뜰 나이 사춘기에 나는 '이'여서 사랑니라니 달콤한 한국어~
사랑니 처음 생길 때 치통이 첫사랑의 아픔과 같다고 '사랑니'라니 로맨틱한 한국어~
저는 20년 전 사랑니가 옆으로 누워서 한꺼번에 다 뽑아 버렸었죠.
사랑니 뽑고 난 허전한 공간이 한동안 느껴졌었는데 이제 돌아보니,
그때 함께 다 뽑혀나갔나봐요, 어린 시절의 낭만적 삶~

tolk ●●● **곽신환 님**
정년이 다가와서 사랑니를 뽑다니….
여태껏 사랑하다 이제
사랑도 귀찮고 쓸모도 없다 이거네.
아니면 이제 와서 사랑이 말썽을 일으켰단 건데…
사랑니에 충치가 생긴거라면 다른 도리가 없는 거고
사랑도 벌레가 먹긴 하지.

구자천 님 ●●● tolk
사랑니??? 그거 진화 덜된 사람들에게 있는 거 아님??
ㅋㅋㅋ 이제 치과 초년생이시구먼~~ 큰 복 받으셨네여~~

명함

은퇴 준비 겸 근래 들어 새로 만든 명함.

퇴직 후 성경공부라든가 신앙활동 비중 높이고 싶어 추가한 직함.

"(아현동)산성교회 장로"

이 명함 뿌려도 그간 괜찮았으나 엊그제 벌어진 부작용.

늙으신 아버지 모시고 대합실에서 흐뭇한 장면 보인 부인네한테,

명함 건네며 문자 달라고 했죠.

그러자 미처 예기치 않은 반응.

그 아버지한테 속삭이는 소리.

"교회 일로 그러나 봐요."

그러더니만, 끝내 문자 보내지 않길래 물었더니 하는 말.

"우리는 불교 믿어요."

그 말 듣고 알았죠. 전도하러 그런 줄 지레짐작한 것.

그런 게 아니라고,

두 분 지켜보며 쓴 글 보내드리려 그런다고 했건만,

아직 종무소식. ㅠㅠ

아무래도 명함에다 '장로' 두 글자 괜히 넣었나 싶습니다.

장로답게 살면 그뿐인 걸 …

talk ••• **강문수 님**
명함을 두 개 만드시는 게 어떨까요?
교회 관련 일보실 때는 이번에 만든 장로+교수 명함,
일반 일 보실 때는 기존의 교수 명함 드리면 좋을 듯~

이동순 님 ••• talk
좋은 뜻의 부작용, 부녀가 이해도 됩니다. ㅎㅎ

talk ••• **김정훈 님**
워낙 다른 사람의 믿음을 존중하지 않고 불쾌하게 전도하는 사람들이 많아서 그렇지요.
'예수천국 불신지옥'을 외치기 이전에 먼저 사람답게 사는 이라는 것을 보여줘야 하는데.

이종건 님 ••• talk
ㅎㅎㅎ 종교가 사회에 어떻게 했는지 생각해볼 시간인 것 같네요.ㅎㅎㅎ

talk ••• **조방익 님**
맞습니다. 장로라고 굳이 명함 안 새겨도 장로답게 사는 게 믿음의 사람이겠지요. 어찌
보면 교수라는 직함도 무겁게 느껴지는데, 장로나 목사라면 더 거리감 느껴지지 않을지
요. 다음 주일에 우리교회 장로 선출 투표가 있는데, 후보에 안올랐다고 수십년 봉사하
며 다닌 교회를 옮기겠다, 안 다니겠다, 하는 교인 여럿입니다. 생각해보니 이것이 이른
바 기독교인의 현 주소입니다. 나는 아니다, 라고 말할 수 있을까요.
이복규, 이름 석 자면 충분합니다. 이복규를 아는 사람이면 그 믿음을 이미 알고 신뢰할
테니까요.

원연희 님 ••• talk
장로님이셨군요. 어쩐지 인품이 남다르시게 빛이 나시더군요. 장로님은 거의 목사님 수
준의 신앙심을 갖고 계시는 것이네요. 말씀을 굳이 안하셔도 교수님 인품 자체로 성경
말씀이 전도되어 교회 가고 싶어할 것 같습니다.

교원업적평가

옛날에는 없다가 생긴 제도 가운데 하나.

교원업적평가

정기적으로 교수들의 업적을 평가합니다.

교육, 연구, 봉사 … 이 세 가지 업적 평가.

이 가운데 제일 중요한 게 연구업적(논문과 책).

재임용, 승진에 반영합니다.

한번 교수는 영원한 교수?

천만에! 더 이상 철밥통 아닙니다.

업적 부족으로, 중도에 재임용 탈락하기도 합니다.

지난 6년간의 내 업적 … 일생 마지막인 평가 결과 통보.

"충족", "대체인정 종합평점 상회"

내용을 보니 많이 남습니다(특히 연구는 5배).^^

그간 항상 넘쳤습니다. 모두 은사님 덕택.

학부의 최운식 선생님, 대학원의 김태곤 선생님

귀에 못이 박히게 강조하셨죠.

"학자는 업적으로만 말한다."

"무조건 1년에 한 편은 써야 한다."

tolk ●●● **최은식 은사님**
내 말을 유념하였다니 고맙소.
힘들고 괴로운 학문의 길을 흔들림 없이 걷는 모습 장하고 자랑스럽소.

김영수 님 ●●● tolk
음, 저도 남강 쌤에게 많이 들었던 기억이 납니다.
그날 연구실에서 하신 남강쌤 말씀이 공부는 복규쌤처럼 그렇게 모범적(?)으로, 요즘 말
로 범생이 처럼… 해야 한다고 제게 으름짱(?)을 놓으셨답니다.

tolk ●●● **배영동 님**
훌륭하신 선생님한테 배운 덕분이기도 하지만, 본래 좋은 자질 가지고 있는 제자일 때
서로가 빛날 겁니다. 왕대 밭에 왕대 난다는 속담도 있고, 청출어람이라는 말도 있죠.

백송종 님 ●●● tolk
이제는 제가 그 가르침을 이을 차례네요. 교수님^^

tolk ●●● **권순긍 님**
학자가 연구와 교육 외에 무엇이 있나요? 수고하셨습니다. 저도 30년 가까운 교수 생활
을 정리해 보니, 논문 71편, 저서 16권이었습니다. 애초 교수가 되면서 논문 100편, 저
서 10권으로 목표를 정했는데 논문이 조금 부족했습니다. 그래도 1년에 논문 2~3편은
썼다고 자위해 봅니다.

김명석 님 ●●● tolk
때마침 저도 학교에서 업적평가입력 요청메일 받아서 공감 두배!!! 정년 앞두고 평생 정
진하신 모습 존경하고 아울러 그 공을 은사님들께 돌리시는 것에도 놀랐습니다. 제게는
신동욱 정현기 두 분 지도교수님 외에도 고전문학 전공하신 아버지 김기현 교수가 평생
의 스승이기도 합니다.

30년 만에

막학기, 강의에만 집중해 한결 여유로운 나날

(과거에는 연구에 치중 … 나쁜 교수).

엊그제 비 오는 날, 문득 옛 제자들 생각이 나서 카톡 보냈죠.

잘 지내느냐고 …

30년 전 졸업생부터라 대부분 집 전화번호만 …

011 016 017 018 019 어찌 변경됐나 확인,

가까스로 …

(그나마 이미 주인 바뀐 경우도 많았음).

"살기 바빠 연락 못해 죄송한데 먼저 하시다니 …"

"무슨 일 하며 살고 있어요."

대부분 이랬으나 더러는 이런 답글도.

"존재감 없이 다녔는데 어찌 기억하시고 …"

내 기억에 있는 특징 말해 주었죠.

30년 만의 소통 …

늦었지만 카톡 보내기 잘한 듯. ^^

tolk ●●● **권순궁 님**
대단하십니다. 옛 제자 번호를 추적(?)해 안부를 물으시다니요. 정말 훌륭한 선생이십니다. 번호가 있는 제자들도 오랜 만에 전화하면 어색할까봐 연락을 못하고 있는데. 저도 용기를 내서 연락을 해봐야 겠네요. 잘 지내냐고. 아무 일 없냐고. 그래요. 안부를 묻는다는 건 그리움이죠.

권성로 님 ●●● tolk
30년 전의 두뇌는 맑음
30년 후의 기억은 황사.

tolk ●●● **배영동 님**
교수가 오래 전 제자한테 먼저 연락하기가 쉽지 않죠? 자주 연락오던 학생이라도, 남녀 불문하고 결혼하고 나면 연락을 잘 하지 않더군요.

정원희 님 ●●● tolk
네 교수님! 동기 아무개와 결혼해 아이 둘 낳고 잘 키우며 살고 있습니다^^

tolk ●●● **김지혜 님**
저희를 기억해 주시고 먼저 연락해 주셔서 감사합니다!

은퇴 연습

거의 매일 연구실 나가다 코로나로 중단.

남들처럼 방콕 …

곧 출간하는 책 마지막 교정 보고, 컴퓨터 앞에 앉아 논문 쓰고

있죠.

이틀째인 어제,

뒤에서 책 보던 아내가 문득 웃으며 하는 말.

"우리, 은퇴 연습하는 것 같아요. ㅎㅎㅎ"

오는 8월에 정년…

그때부터는 노상 이러겠거니 …

싶어 하는 말이겠지요. ^^

tolk ●●● **박정규 님**
연습이 필요하더군요. 은퇴라는 것이…

차성만 님 ●●● tolk
서재에서 작업이, 은퇴연습이라면, 나는 임용과 동시에 시작했네요!
은퇴연습의 꿀팁 하나.
부부 서로 외출 · 귀가를 간여하지 않는다.
외출하면 잘 갔다 와요 인사만.
귀가하면 수고했어요 인사만.

tolk ●●● **원연희 님**
저희 남편의 경우 은퇴 후를 무척 불안해했는데 막상 겪어보니 시간을 잘 보내는 거 같
아요. 은퇴 후 삶은 진짜 자기 마음먹기 나름인 거 같습니다.^^
모든 걸 내려놓느냐 아니냐 하는.^^~~

오세찬 님 ●●● tolk
아직도 일하는 사람을 천사라 한다던데 하늘이 준 직업.

tolk ●●● **이동순 님**
아름다운 모습입니다.

강석우 님 ●●● tolk
5년 전 하루하루 은퇴 날짜를 기다렸던 때가 생각납니다. 은퇴하면 그동안 못했던 일,
내가 하고 싶은 일을 하며 보내기로 마음먹었으나 지금은 다른 길을 가고 있죠.
프로스트의 "가지 않은 길" 그것이 인생인가요?

tolk ●●● **부길만 님**
책과 관련된 연구하면 은퇴 후도 바빠집니다.
더 할 게 많아집니다. 더 넓은 세계로 나가게 됩니다.

아침톡을 읽고

:

조동일

유성호

강석우

백훈

정종기

전무용

강문수

I. 조동일 은사님[서울대 명예교수/학술원 회원]

아침마다 톡톡 부지런한 삶을 나누어주며

일상에서 지혜를 찾는 눈을 뜨게 도와주네.

II. 유성호 교수[문학평론가/한양대 국문과]

이복규 교수님이 정년을 맞으신다고 한다. 오래 전부터 지인들에게
보내신 정성과 사랑의 언어가 어느새 빼곡한 질서와 연륜을 얻어 한 권
의 책으로 묶인다는 소식이 들려온다. 소소한 일상의 세목으로부터 현
실과 역사와 신성을 암시하는 데까지, 교수님의 사유와 감각은 그야말
로 커다란 확장성을 가지면서 우리에게 전해져온다. 그 글이 전해지는
순간, 우리도 아늑한 평화와 아득한 그리움을 동시에 느끼게 된다. 정년
을 축하드리면서, 더욱 건강한 생각과 언어를 우리에게 들려주시길 고
대한다.

III. 강석우 시인[한국외환은행 지점장 퇴직, 현 씨티오코리아 전무]

우리가 살아가는 이 세상이 좀더 맑고 향기롭기를 바라는 사람들이
모여 있는 곳.

그래서 빛과 온기가 별처럼, 햇살처럼 울려 퍼지는 곳.

형식적으로는 가볍지만 결코 가볍지 않은 내용으로 상쾌한 울림을 줍
니다. 상식적인 내용이 많지만, 결코 상식적으로 들리지 않습니다.

우리가 상식이 잘 통하는 사회에 살고 있지 않다는 거지요.

책을 읽는 동안 다양한 가치들이 서로 어깨동무하며 걸어가는 모습을

그려 보았습니다.

친구들의 댓글을 읽는 즐거움은 보너스!

은은한 여운이 오래 머물 것 같습니다.

새로운 장르를 여는 이는 진정한 천재.

그런 분과 함께 걷는 나는 행운아.

Ⅳ. 백훈 작가[미국 샌디에이고 한인뉴스 대표]

〈참을 수 없는 존재의 가벼움〉

밀란 쿤데라의 이 소설은 저에겐 교과서와 같은 작품입니다.

이복규 선배의 짧은 카톡을 대하면 가끔 이 소설 제목이 생각납니다.

가볍게 한번 생각하기, 가볍게 한번 깨닫기, 정말 좋은 기능입니다.

그래요, '굿모닝'의 글이라면 가벼워야지요. 음악으로 친다면 모차르트라고 할까요.

이 선배를 흉내 내어 저도 얼마 전부터 며칠에 한번 지인들에게 짧은 카톡을 보내는데 가벼워지지가 않네요.

턱없이 무거우니 할 수 없이 '굿이브닝'으로 보냅니다.

턱없지만 음악이라면 베토벤급이라 할까요?

그래서 저는 이 선배가 부럽습니다!

언제쯤이나 나도 굿모닝의 글을 보낼 수 있을까요. 모차르트 같은 글을 보낼 수 있을까요.

이 선배 카톡 읽다 보면 그리될 수 있을까요?

V. 정종기 시인

해야 된다.

서경대학교 인문대학장으로서 8월 정년을 앞두고 막학기를 보내고 있는 이복규 교수님은 여러모로 놀라운 분이다.

복규 형이 시도 아니고 산문도 아닌 기묘한 글을 써 들고 시인들 모임에 나왔을 때 다들 속으로 웃었을 것이다. 타박도 많이 들으면서 글이 차츰 꼴을 갖추어 가더니, 시인들이 시집을 낼까말까 고민하는 사이에 홀연 《내 탓》이라는 이야기시집을 출간하였다.

지금도 아침마다 SNS를 통해 독자들에게 배달되는 짤막한 글의 독특한 문체는 그 시절에 연습되었을 것이다. 나는 복규 형의 문체가 마음에 들지 않아 언젠가 최명환 교수님과 전화로 뒷담화를 한 적도 있고, 직접 고언(苦言)을 드리기도 하였으나 소용없었다.

그렇게 쌓인 《모닝 톡톡》이 벌써 세 권째 출간된다. 나는 이 책들을 읽으면서 복규 형에게 문체를 거론한 것이 얼마나 주제넘은 짓이었는지 깨달았다. 운문성과 산문성을 넘나드는 문체는 이상한 것이 아니라, 바쁜 아침 시간에 가독성을 극대화하는 효율적인 것이었다.

《모닝 톡톡》은 본문과 댓글이 어우러져 완성됨으로써 인터넷 시대의 글쓰기의 전범을 보여줌과 아울러 '글은 독자에게서 완성된다'는 이론을 입증한다. 가벼운 댓글은 판소리의 추임새와 같은 역할을 하고, 무거운 댓글은 본문의 가벼움과 상보(相補)하면서 무게중심을 잡는다.

'하면 된다'는 말은 복규 형에게 비추면 '해야 된다'는 말로 수정된다.

생각하기, 마음먹기, 계획하기, 꿈꾸기 … 그런 것들은 진짜 하는 것이 아니다. 해야 비로소 하는 것이다. 다른 이들이 궁리하는 사이에 복규 형은 한다.

테마를 발견하면 즉시 연구에 착수하고, 그것이 논문이나 책이 되어 나온다. 호기심과 탐구정신이 마르지 않는다. 어떤 모임에서든 질문이 가장 많은 분이 복규 형이다. 그렇게 쓴 책이 40권을 훌쩍 넘겼다. <설공찬전>의 발굴과 연구는 학계의 큰 족적이다.

새벽마다 기도회를 다니고 야간에 신학대학원을 이수하였다. 퇴임 후의 삶도 설계해 놓으신 듯 어디 먼 나라를 얘기하시는데, 나는 어지러워서 다 듣지도 않았다.

유난히 생각이 많고 실천이 더딘 나는 복규 형을 보면 까마득한 절벽을 치어다보는 듯 고개가 아프다. 따라 배우기는커녕 흉내내기도 어렵다. 다만 이렇게 졸문으로나마 흠모의 마음을 표현하며 비례(非禮)가 아니길 바랄 뿐이다.

VI. 전무용 시인[전 대한성서공회 번역실 국장]

일전에 화이트헤드 박사의 "아이디어의 모험(Adventures of Ideas)"이라는 책 이야기를 한 것은 이 교수님의 모닝톡톡이 모험(Adventures)이구나 하고 생각했기 때문입니다. 오늘 새벽 4시에 문득 잠을 깨서, 벼락처럼 "Adventures of Ideas"의 동양적 대응어가 '백척간두(百尺竿) 진일보(進一)'라는 생각이 들었습니다. 매일 매일, 그것도 백척간두에서 '진일보(進一步)'하고 계시니, 교수님의 일보 일보에 존경의 찬사를 보냅니다.

저는 늘상 어슬렁거리며 사방 해찰만 하고 있는데, 하하, 저도 좀 분발해 보아야 할까 싶기는 합니다. 맨발로 시장통 어슬렁거리고 다니며 제자들과 이바구를 하던 테스형(소크라테스)도 있었지만, 책 속에서 교수님과 대화를 주고받는 지인들을 보면서, 삼봉 정도전이 만났던 〈답전보(畓田父)〉의 노인처럼, 세상 사방에 현인(賢)들이 계시는구나 하는 생각도 했습니다. 나루터가 어딘지를 묻던 공자 제자 자로에게, '나루터 가는 길(道)은 당신네 선생에게 물어보시오' 하고, 우문현답처럼 대화를 주고받던 은자(者)들처럼, 교수님 주변에 은자, 현인들이 참 많이 계시는구나 하고 생각을 했습니다.

노나라의 공자는 도(道)를 설파하기 위해서 중국 천하 여러 나라를 돌아다닌 것이라고 생각합니다. 예수님은 당시의 사람들에게 기쁜 소식 복된 소식을 전하려고 갈릴리로 예루살렘으로 다니셨지요. 교수님의 '모닝톡톡'도 결국은 같은 성격의 구도행각 설파행각이 아니겠는가 하는 생각이 다시 들었습니다. 교수님은 시대에 맞게, 다니시지 않으면서도 설파(說破)하는 방식으로, 사랑방 이야기처럼 '모닝톡톡'을 하고 계시니, 탁월하게 길을 찾으신 것이라는 생각을 다시 했습니다.

아니지요, 없던 길을 내셨으니, 새로운 길을 내면서 새로운 세상을 열어 가고 계신 것이라는 생각을 다시 했습니다. 매번 새로운 문명의 첫걸음을 내딛고 계신 것이라는 생각을 다시 했습니다.

Ⅶ. 강문수 님[전 고교 국어교사]

'아침톡'을 읽는 재미는 여간 쏠쏠한 것이 아닙니다. 어쩌다 우리 가족을 소재로 한 '아침톡'이 오면 함께 읽으며 낄낄거리고, 댓글이 달린 책이 출판될 때마다 내가 저자가 된 듯 뿌듯해지곤 합니다. 이젠 아침톡이 오지 않는 일요일이나, 형님이 출제위원으로 차출되어 공백이 생기면 허전해지기도 하니, 아침톡에 중독되었나 봅니다.

세계 초미니 야간대학이던 국제대 재학 시절, 형님이 근무하던 인문과학연구소에 가끔 놀러가던 저에게 '나는 평생 공부만 하다 죽고 싶다'는 요상한 커밍아웃을 해서 놀래킨 사람. 코로나가 극심해서 아들 결혼식에 굳이 오실 필요 없다 해도 축하해 주러 오신 분. 형님이 한국정신문화연구원(현 한국학중앙연구원) 한국학대학원 석사과정에 입학해서 조동일 선생님께 수업 받게 되었을 때, 군사정권이 그 대학원을 폐지하는 바람에 박사과정을 1년 만에 그만 두게 되었을 때, 먼발치에서 기쁨과 슬픔을 함께했습니다. 은근히 숨겨져 있는 '아침톡'의 사회적 비판의 뿌리는 이 지점이 발원지가 아닐는지요?

형님과 나는 권오만 선생님께 '국제문학회'에서 함께 문학수업을 받았습니다. 퇴직 후 강산이 네 번 바뀌고 나서야 '시공' 모임에서 선생님과 형님을 재회했지요. 그리고 언제부터인지는 알 수 없으나 '아침톡'이 카톡으로 오기 시작했습니다. 처음부터 "짧은 글, 긴 울림."(이동순 교수님 댓글)이 좋았습니다. SNS로 맛본 감동의 정체가 궁금해져 이리저리 생각해 보았습니다. 그러던 중 '시공' 동인 정종기 시인의 '해야 된다'는 〈모닝 톡톡〉 해설을 보았습니다. '아침톡'의 발전사를 일목요연하게 보여주는 좋은 글이더군요. 그 글을 통해 많은 것을 배우고 깨우쳤습니다. 저는 다만 이 글을 통해 몇 가지만 부연하고 싶어지는군요.

1. 정종기 시인이 아침톡의 댓글을 판소리의 추임새와 같다고 본 것
   은 탁견입니다.
   1980년대 국제대 문학 강연에서 조동일 선생님은 창작과 비평은
   동시다발적 관계라며 판소리나 탈춤의 추임새가 그런 경우라고 하
   셨습니다. 추임새 '아~ 좋다!'는 비평의 시작인 셈이라는 말씀도 함
   께.
   추임새는 배우와 관객이 대면 공연을 해야, 나와 너 말상대가 존재
   해야 가능합니다. 한 쪽이 말을 걸고 다른 쪽은 반응하며 그 과정을
   공연판에 모인 이들이 공유하죠. SNS로 공간의 제약 없이 신속하
   게 문자를 주고받는 '아침톡'에서도 '좋다!'는 댓글이 추임새처럼 즉
   시 달리기도 합니다. 다만 '아침톡'에도 단점이 존재합니다. 그것은
   이런 추임새를 댓글러들끼리 확인하려면 책으로 출판된 이후에야
   가능하다는 점입니다. '아침톡'이라는 형식의 이야기는, 추임새까
   지 포함한 대화가 이루어지려면, 최첨단 기술시대임에도 불구하고
   긴 시간을 필요로 하는 게지요. 역으로 이것은 '아침톡'이 출판되어
   야하는 이유이기도 합니다.

점집 태극기

태풍 마이삭 지나가던 날,
아현시장 옆 점집 지붕
깃대에 위아래로 매달려,

나부끼는 깃발 셋.

태극기

붉은 깃발

만자(卍字) 깃발

점쟁이(무당)도 나라 걱정부터 하고 있을 줄이야 …

tolk ●●● **조동일 은사님**
좋아요.

권대광 님 ●●● tolk
자꾸 읽다 보니 시 같습니다. 자꾸 웃게 됩니다. 매스컴을 보니 걱정되기는 합니다.

— 《이복규 교수의 아침톡톡 3》(122 쪽) —

　이렇게 책으로 추임새까지 보아야 '아침톡'의 맛과 멋을 제대로 감
　상하게 됩니다.

2. 정종기 시인은 같은 글에서 이야기 시 〈내탓〉과 〈모닝톡톡〉은 기
　존의 시도 아니고 산문도 아닌 기묘한 글, 운문성과 산문성을 넘나
　드는 이상한 문체를 지니고 있다고 평했습니다. 이 책을 읽은 분들
　이라면 대부분 공감하리라 생각합니다. 그러나 단점으로 생각했던
　이러한 특징이 책으로 계속 읽다보니 가독성을 극대화하는 효율적

인 것이라고 재평가하고 있습니다.

2-1. 기묘한 글, 이상한 문체에서 효율적인 글과 문체로의 변화는 어떻게 가능했을까? 그 변화의 과정을 생각해 보았습니다.

2-2. 이야기시 〈내탓〉 머리말에서 저자(형님)는 '우리 옛날이야기를 모으고 연구하다 만난 금쪽같은 이야기들을, 나 혼자 아는 게 아까워' 옛날이야기를 시로 바꿔 썼다 고백하고 있습니다. 여기서 산문성과 운문성을 넘나드는 이상한 문체가 탄생한 것입니다. 이 야기를 시로 쓴 것이지요.

2-3 이 글을 쓰던 중, 며칠 전에 장로 자격으로 형님이 대표 집필한 산성교회 50년사 책을 택배로 받았습니다. 그런데 제목이 《산성교회 50년 이야기》였습니다. 이번엔 역사를 이야기로 썼네요. 편찬 후기에 '50년사'라 하지 않은 까닭을 '좀 더 친근하게 읽을 수 있게 하려고 어투도 구어체로 했다'고 직접 밝히고 있더군요.

3. 이야기 시집 《내탓》 이후 두 권의 '아침톡'이 출간되었습니다. '이야기시'에서 시가 축소되고 이야기 위주의 친근한 구어체의 짧지만 긴 울림을 주는, 기묘한 글이 탄생한 것입니다. 산문이지만 간결하면서 친근감도 느껴지고 함축미도 있는 묘한 감동을 주는 글의 탄생은, 시와 역사와 설화를 아우르는 글쓰기를 통해 형성된 것입니다.

3-1 시는 세계를 자아화하는 서정의 세계이지만, 수필(교술)은 반대로 자아를 세계화하는 겸손의 갈래라고, 조동일 선생님께서 〈한국소설의 이론〉에서 설파하셨던 것처럼, 그 둘은 상반된 것이지요. 형

님은 사적인 자리에서 오글거리는 감성적 표현을 좋아하지 않는다고 고백하고, 수필 중에도 자신이 대단한 이치를 발견한 듯 오만한 필자는 싫어한다고 한 적이 있습니다.

3-2. 이러한 변화 과정을 거친 '아침톡'은 읽는 이로 하여금 미소 짓게 하고, 좋군! 추임새를 넣게 하고, 아침마다 기다리게 하는 힘이 있습니다.

접경 주민으로 살기

우리 집은 중구와 마포구의 경계
우리 집까지가 중림동
그 옆집부터는 아현동.
집을 나서 몇 발자국 걸으면
길바닥 위의 경계 표지

중구 ⟷ 마포구
매일 아현동 산성교회로 새벽기도 가는 나
하루에 두 번씩은 경계를 넘나든다
문 대통령이 김 위원장과 남북 오가듯
여름이면 그 경계선 부근에
두 동네 할머니들이 한데 모여 도란도란 정담 나눈다

마치 판문점 만남처럼

언젠가 안동대 임재해 교수가 내 학문을 일컬어
경계선상의 것들을 주로 다룬다고 평하더니만
경계에서 살기……
무슨 팔자 소관인지도 모를 일이다.

tolk ●●● **조동일 은사님**
오늘 글은 명문이로고

권오만 은사님 ●●● tolk
아주 좋아.
우선 이런 소재 만났다는 것부터가 특별해.

— 《철부지 교수의 모닝톡톡》(74쪽) —

도둑게

신간 서적 둘러보러 잠깐 들른 교보문고.
어린이 코너에서 어항도 팝니다.
스마일게
등껍질에 웃는 모습이 선명한 게를 팝니다.
국산도 있다는데 우리 이름은 좀 망측.

도둑게

산에 살면서 이따금 민가에 들어와 음식 훔쳐 먹어 붙여진 이름.

한참 설명하던 직원이 하는 말.

"원래는 잡식성이라 아무 거나 잘 먹는데요,

우리집에서 키우는 애들은 고기만 먹어요.

한동안 고기만 먹였더니 이제 채소류는 안 먹어요.

그럼, 며칠 굶겨 버리라고 했더니 웃으며 그럽니다."

"애들은 한 달간 안 먹어도 살아요."^^

예로부터 게의 별명이 무장공자(無腸公子: 창자 없는 귀공자)…

이제 보니, 속 없이 살면 안 먹어도 버티나 봅니다. ^^

tolk ●●● 조동일 은사님
천하명문.

강문수 님 ●●● tolk
오늘 이야기는 짧지만 많은 에피소드와
실제 경험이 잘 버무려진 맛있는 소박한 비빔밥 같은 글~

— 《이복규 교수의 아침톡톡 3》(96쪽) —

형님의 아침톡은, 조동일 선생님께 명문이라는 댓글 추임새를 두 번이나 받습니다.

4. 명문으로의 변화의 원동력은 '교수로서의 성실한 연구'와 '장로로서의 확고한 신앙심'에 있다고 생각합니다.

옛날이야기를 연구하다 혼자 알기 아까워 '이야기시'를 쓰는 고운 심성은, '아침톡'에 오게 되면 자신을 가장 행복하게 하는 신앙을 모든 이에게 넌지시 알리고자 하는 태도도 가지게 됩니다. 물론 '불신지옥'을 외치는 협박 스타일은 극구 혐오합니다. 그럼에도 아침톡 두 권에 '종교와 신앙' 목차는 빠지지 않고 들어 있습니다.

4-1. 그간 받은 댓글 중 가장 감사한 것이라며 제게 자랑한 댓글입니다.

교수님께서 장로님이셨군요.

어쩐지 인품이 남다르시게 빛이 나시더군요.

장로님은 거의 목사님 수준의 신앙심을 갖고 계시는 것이네요.

말씀을 굳이 안하셔도 교수님 인품 자체로 성경 말씀이 전도 되어 교회 가고 싶어 할 것 같습니다. 교수님 최고십니다!!!(원연희 님)

4-2. 글을 읽고 댓글을 달고 대화를 하다보면 형님이 바라보는 세계의 윤곽이 보입니다.

법정 스님의 책을 '좋아요~'하며 빌려 주고, <울지마 톰즈>로 유명한 이태석 신부님의 영화 '부활'을 우리 부부와 함께 보며 눈물 훔치기도 하는 형님입니다.

'아침톡'에 무수히 등장하는 이들의 공통점은 우리가 본받아야할 행동을 실천하는 이들이라는 것. 못 배운 분이더라도 그 행동이 올바르면 스승이라는 생각, 심지어 <점집 태극기>에서는 나라 걱정하는 무당을 이야기하고, 더 나아가 미물인 <도둑게>에게서는 먹는 것에 초월한 인간의 도리를 배웁니다.

5-3. 모든 이들이 올바른 행동을 저절로 하는 경지에 도달하려면, 지

상에 천국을 건설하려면 어찌해야 할까요? 이 책의 저자는 지금 껏 연구하고 믿어 왔던 세계를 널리 알리고 싶어 '이야기시', '아침 톡'을 부지런히 써서 조심스럽게 세상에 내어놓습니다.

지행합일(知行合一)

석학과 함께하는 인문학강좌의 어느 날
양명학의 권위자 정인재 선생님
이웃집 할아버지만 같은 얼굴로 부드럽게
들려주신 말씀
지행합일(知行合一)
뭔 말인지들 아세요?
아는 것과 실천하는 것이 일치해야 한다고들 알고 있죠?
그게 아니라는 거다
왕양명 선생이 말한 뜻은 다른 거라는 거다
사무치게 알면 저절로 실천하느니……
그게 지행합일(知行合一)이란다
그냥 살았으면 평생 오해했을 그 말씀
사무치게 내 가슴에 와 꽂혔다 피가 나올 정도로

《(이야기 시집) 내탓》(134쪽)

5-4. 저절로 실천하지 못하기에 세상은 혼탁합니다. '팡세'의 저자 파

스칼은 혼탁한 어두운 인간의 현실세계를 보여주고 개심을 요구합니다. 믿지 못하는 사람들에게는 믿는 것이 안 믿는 것보다 유리하다는 확률론도 설파합니다.

'아침톡'은 팡세와 같으며 다릅니다. 우선 무신앙자에게 신앙을 가지라고 권하는 점은 서로 같지만, '아침톡'은 어두운 면보다는 바람직한 세계를 보여준다는 점이 다릅니다.

5-5. 교회에서 설교할 때, 형님 눈에서 레이저가 나올 정도로 교인들을 질책하는 경우가 있어 형수님이 그러지 말라고 당부한다고 하더군요. 그 말을 들은 저는 형님 교회 신도들께서 책 속에 등장하는 분들을 꼭 닮기를 바라는, 조급한 마음을 조금 자제하시는 것이 좋지 않겠느냐고 한 적도 있습니다.

형님 덕분에 매일 아침 '아침톡'을 읽으며 미소 짓는 것이 자연스러운 일상이 되었습니다.

시와 수필을 섞어 놓은 듯, 겉은 문학서인 듯 속은 포교서인 듯, 인터넷 시대의 SNS를 통한 대화글 '아침톡'을 읽는 행복이 앞으로도 계속 되기를 바라봅니다.

아인슈타인에게 어느 기자가 물었다죠. "박사님, 죽음이 무엇입니까?"

"네, 모차르트를 못 듣게 되는 거죠"

저라면 이렇게 대답할지도 모르겠습니다.

"네, 더 이상 '아침톡'을 못 읽게 되는 것 아니겠어요?"

소소하고 찬란한 하루

초판 발행   2021년 9월 30일

저 자 • 이복규와 193인 톡톡 댓글러
발행인 • 한은희
편 집 • 조혜련
사 진 • 안지수

펴낸곳 • 책봄출판사
주 소 • 경기도 고양시 덕양구 통일로 1276-8 (킹스빌타운 208동 301호)
        서울 중구 새문안로 32 동양빌딩 5층 (디자인 사무실)
전 화 • (010) 6353-0224
블로그 • https://blog.naver.com/anjh1123
이메일 • anjh1123@nate.com
등 록 • 2019년 10월 7일 제2019-0000156호
ISBN 979-11-969999-5-7 03810

• 책값은 뒤표지에 있습니다.
• 댓글러 이름은 석보체를 사용하였습니다.
  일부 제목에도 석보체를 사용하였습니다.